El calendario del jardinero

A pesar de haber puesto el máximo cuidado en la redacción de esta obra, el autor o el editor no pueden en modo alguno responsabilizarse por las informaciones (fórmulas, recetas, técnicas, etc.) vertidas en el texto. Se aconseja, en el caso de problemas específicos —a menudo únicos— de cada lector en particular, que se consulte con una persona cualificada para obtener las informaciones más completas, más exactas y lo más actualizadas posible. EDITORIAL DE VECCHI, S. A. U.

© Editorial De Vecchi, S. A. 2018
© [2018] Confidential Concepts International Ltd., Ireland
Subsidiary company of Confidential Concepts Inc, USA

ISBN: 978-1-68325-798-1

Fausta Mainardi Fazio

EL CALENDARIO DEL DEL JARDINERO

dve
PUBLISHING

Índice

Introducción

Redactar un calendario que indique con suficiente claridad el momento más apropiado para realizar las labores de jardinería resulta difícil, por no decir imposible, en particular cuando nos tenemos que referir a un país como España, caracterizado no sólo por una gran variedad de ambientes según sus distintas regiones, sino también por una fuerte inestabilidad climática en el transcurso de los años.

La climatología de España está marcada por fuertes contrastes, debido a la acción beneficiosa atemperante de los mares que la rodean, dando lugar a dos grandes zonas: una la Cantábrica, muy húmeda, y otra la Mediterránea, de clima muy benigno pero cuya pluviosidad está disminuida por la acción de los vientos cálidos procedentes de África. La acción atemperante del clima marítimo queda contrarrestada en grandes zonas del interior de la península por la barrera que representan las altas cordilleras al paso del influjo benéfico de los vientos cálidos, dando lugar a climas continentales. Las mismas cordilleras que limitan los valles de los grandes ríos dan lugar a microclimas de características especiales.

Las zonas climáticas españolas, que podemos considerar con respecto a su influencia en los cultivos, son las siguientes:

- *Zona septentrional.* De influencia atlántica. Comprende las regiones galaica, asturiana, vasco-cántabra y pirenaica. Es una zona nubosa y lluviosa, con precipitaciones en las cuatro estaciones y abundantes nevadas invernales en las tierras altas. La pluviosidad puede llegar a 1.500 mm anuales. La temperatura es, por lo general, suave y con pocas oscilaciones salvo en comarcas montañosas. Los vientos dominantes son de componente norte.
- *Zona central.* Comprende las regiones: Norte, Castilla-León, Madrid, Extremadura y Castilla-La Mancha. Clima de clara influencia continental, de fuertes contrastes con heladas hasta abril y veranos sumamente calurosos. La pluviosidad es baja, de unos 500 mm anuales. La estación más lluviosa es otoño, en el que predominan los vientos templados y húmedos del oeste y sudoeste.
- *Cuenca del Ebro.* Es de clima continental con influencias marinas. Es una de las regiones menos lluviosas de España. Los veranos son largos y de altas temperaturas. El viento dominante es el cierzo, del noroeste; es un viento frío y seco.
- *Cuenca del Guadalquivir.* Es zona de clima suave, la temperatura media es alta y la pluviosidad, bastante alta; las lluvias, relativamente abundantes, se reparten en todas las estaciones, salvo en verano que es muy seco. Las lluvias principales van asociadas a los temporales del sur y sudeste que penetran por el golfo de Cádiz.
- *Zona penibética.* Comprende al Mediterráneo andaluz. De clima árido con marcados contrastes entre la zona costera y la montaña; se va de la aridez de las costas de Almería a las nieves perpetuas de Sierra Nevada. Las temperaturas son muy altas y las lluvias escasas en las zonas del litoral. El viento seco del Sahara, llega fácilmente a esta región.

• *Zona mediterránea.* Comprende Cataluña, Valencia, Murcia y las Baleares. Clima templado de influencia marítima y en algunas zonas de carácter subtropical. Las temperaturas son suaves sin grandes contrastes anuales. Las lluvias escasas y de carácter torrencial, especialmente durante los equinoccios de otoño y primavera. Los vientos que acompañan a las lluvias suelen ser este y sudeste.

• *Archipiélago canario.* Situado en la zona tropical, muy influenciado por los vientos del Sáhara, que hacen que sea una zona muy seca, principalmente en las islas de Fuerteventura y Lanzarote. El clima es benigno y suave con fuertes contrastes entre la costa y la montaña.

El calendario del jardinero debe referirse a datos medios típicos de las diversas zonas climáticas.

Los confines de las regiones climáticas indicados en los mapas deberían tener los bordes difuminados dado que, en las zonas marginales, los climas se superponen el uno al otro.

No sólo por esta razón, sino también por el hecho de que al ser gradual el cambio de las estaciones, nuestros programas del mes no pueden estar contenidos dentro de limites precisos: por ejemplo, lo que ya se puede hacer a principios de mes en el litoral valenciano deberá esperar a finales del mismo mes en el caso de las comarcas leridanas.

El jardinero debería hacerse un calendario personal donde indicaría, durante algunos años, las temperaturas medias, mínimas y máximas, la frecuencia de lluvias, las nevadas y los acontecimientos meteorológicos extraordinarios, para poder disponer de datos más adaptados a las características de su zona.

De todas formas, el cultivador deberá tener siempre un carácter pesimista y prever cambios climáticos imprevistos, que le impidan cumplir el programa que ha de estar acabado totalmente antes del frío intenso, y del que depende el renacimiento del jardín en la primavera siguiente, o bien antes del calor excesivo, para no tener que aplazar las labores de algunos meses.

El libro se compone de dos partes: la primera comprende el calendario detallado, donde se recuerdan y explican las distintas labores que se deben realizar cada mes; la segunda recoge, para evitar repeticiones inútiles, las normas técnicas importantes para las labores y necesarias más de una vez en diferentes periodos.

Hemos mantenido la división del año en cuatro estaciones, aunque cada una comprende una semana más, para poder conservar la subdivisión mensual de las labores: así, por ejemplo, la primavera va desde principios de abril hasta finales de junio.

Empezamos con octubre, ya que es el mes más indicado para abrir el nuevo año en el jardín, y acabamos con septiembre que, aunque esté muy marcado por el verano, se relaciona normalmente con el fin del ciclo estival.

Diciembre y enero se asemejan, al ser ambos meses de estancamiento, que asisten a la pausa biológica y al descanso del jardinero.

Reiteramos que nuestro calendario servirá únicamente de pista a los que se enfrenten a los diferentes problemas que conlleva el jardín. La información, la experiencia, el espíritu de observación, el «sexto sentido» de quien trabaja con pasión son elementos indispensables para obtener buenos resultados.

Los riesgos de las labores agrícolas están precisamente ligados al hecho de que no resulta posible trabajar con seguridad. Sin embargo, este hecho ya ha debido ser considerado por quien decide dedicarse a la jardinería.

Calendario

Octubre

— Podar árboles y arbustos recién florecidos
— Extraer y sembrar las plantas anuales
— Trasplantar las plantas bienales
— Plantar bulbos y rizomas
— Recoger las hojas caídas
— Cortar las hortensias
— Acondicionar el césped para el invierno
— Cuidar las rosas
— Proteger los arbustos
— Plantar las plantas perennes
— Practicar esquejes, acodos y estacas
— Ordenar y dividir las plantas tapizantes
— Preparar las macetas para ponerlas al abrigo

Noviembre

— Podar y plantar árboles y arbustos caducifolios
— Trasplantar las plantas bienales
— Plantar los bulbos con floración primaveral-estival
— Cortar, dividir y replantar las herbáceas caducifolias

— Descargar los emparrados
— Cubrir el césped
— Recalzar todas las plantas
— Podar y plantar las rosas
— Colocar las protecciones de los arbustos
— Labrar y abonar el suelo
— Desecar las balsas
— Abrigar las macetas

Diciembre

— Podar árboles y arbustos caducifolios
— Atar las matas
— Limpiar todas las plantas
— Pulverizar agua con efecto aislante
— Quitar la nieve de las trepadoras y de los arbustos rastreros
— Allanar el césped
— Cortar las raíces de árboles y arbustos
— Cavar y acolchar el suelo debajo de la copa
— Preparar el suelo para las plantaciones

Enero

— Plantar árboles y arbustos caducifolios
— Regar con temperaturas superiores a 10 °C
— Recalzar bulbos y rizomas
— Limpiar las ramas
— Sustituir el acolchado
— Remozar el césped
— Plantar las rosas

— Airear los arbustos
— Labrar superficialmente el suelo
— Empezar con los tratamientos antiparasitarios

Febrero

— Podar y cortar árboles y arbustos recién florecidos
— Podar y plantar árboles y arbustos caducifolios
— Sembrar las plantas anuales
— Dividir las herbáceas perennes caducifolias
— Rastrillar, airear y allanar el césped
— Sembrar las plantas trepadoras anuales
— Regar las plantas perennes
— Podar y arreglar los setos
— Labrar y abonar el suelo
— Aplicar los tratamientos antiparasitarios

Marzo

— Podar y plantar árboles y arbustos caducifolios
— Regar
— Sembrar las plantas anuales
— Plantar los bulbos
— Limpiar, dividir y replantar las herbáceas perennes
— Eliminar las malas hierbas
— Podar y abonar las hortensias
— Igualar, allanar y plantar el césped
— Plantar, podar, abonar y cuidar las rosas
— Reaclimatar los arbustos al ambiente exterior
— Practicar esquejes, acodos y estacas
— Cavar y escardar el suelo

— Aplicar los tratamientos antiparasitarios
— Construir nuevas balsas y plantar en ellas
— Airear las macetas abrigadas

Abril

— Sembrar y trasplantar las plantas anuales
— Plantar bulbos y rizomas
— Abonar
— Trasplantar y cortar las herbáceas perennes
— Cuidar y colorear las hortensias
— Abonar y cuidar las rosas
— Podar los setos caducifolios y perennes
— Practicar esquejes, acodos y estacas
— Labrar el suelo
— Preparar las balsas
— Poner al aire libre las macetas

Mayo

— Podar árboles y arbustos no florecidos
— Regar
— Plantar las plantas anuales de floración estival y otoñal
— Plantar bulbos y tubérculos
— Cortar las herbáceas perennes
— Plantar los geranios de bordillo
— Colorear las hortensias
— Aplicar la cobertura
— Cortar, regar y abonar el césped
— Controlar diariamente las rosas
— Empezar el cultivo de las balsas

Junio

— Podar árboles y arbustos desflorados
— Regar
— Extraer y colocar nuevamente los bulbos
— Abonar
— Trasplantar las herbáceas de floración otoñal
— Eliminar las malas hierbas
— Sustituir la cobertura
— Cortar, airear y abonar el césped
— Cortar las plantas trepadoras
— Aclarar y trasplantar los rizomas
— Podar las rosas no reflorecientes
— Recoger las semillas
— Controlar la dimensión de los setos
— Cortar por la base las tapizantes desfloradas
— Practicar esquejes, acodos y estacas
— Escardar el suelo
— Mantener el nivel en las balsas

Julio

— Podar árboles y arbustos desflorados
— Regar
— Sembrar las plantas bienales
— Extraer, dividir y plantar bulbos, tubérculos y rizomas
— Abonar
— Cortar y sembrar las herbáceas perennes
— Descargar los geranios
— Eliminar las malas hierbas
— Cubrir el suelo
— Mantener el césped

— Podar y cuidar las rosas y arreglar los setos
— Practicar esquejes, acodos y estacas
— Cuidar del mantenimiento de las balsas

Agosto

— Podar árboles y arbustos desflorados
— Regar
— Plantar bulbos de floración precoz
— Dividir y trasplantar las herbáceas perennes y vivaces
— Rejuvenecer las hortensias
— Sustituir la cobertura
— Airear, irrigar y cortar el césped
— Cortar las trepadoras perennes
— Podar y cuidar las rosas y arreglar los setos
— Practicar esquejes
— Preparar el suelo para las plantaciones
— Limpiar las balsas de residuos vegetales

Septiembre

— Sembrar las plantas anuales
— Plantar los bulbos de floración precoz
— Cortar y dividir las herbáceas perennes
— Descargar y abonar los geranios
— Cortar, airear y plantar el césped
— Regar, abonar y cuidar las rosas
— Podar los setos
— Practicar esquejes
— Aclarar y abonar las plantas tapizantes
— Preparar el suelo para las plantaciones

PRIMERA PARTE

AGENDA DE CADA MES

El otoño (octubre, noviembre, diciembre)

TEMPERATURA MEDIA MENSUAL Y ESTACIONAL

Estaciones meteorológicas	Octubre	Noviembre	Diciembre	Media de otoño
Alicante	19,3	15,2	12,1	15,5
Almería	19,3	15,6	12,8	15,9
Ávila	10,6	6,1	3,3	6,7
Barcelona	17,6	13,5	10,3	13,8
Bilbao	15,9	11,8	9,4	12,4
Cádiz	19,5	15,6	12,3	15,8
Castellón	18,5	14,1	11,6	14,7
Gerona	17,8	11,4	8,0	12,4
Granada	15,8	11,1	7,2	11,4
Guadalajara	13,7	8,4	6,4	9,5
Huelva	19,4	15,2	11,9	15,5
Jaén	17,6	12,7	8,9	13,1
Lanzarote	22,3	20,2	17,7	20,1

TEMPERATURA MEDIA MENSUAL Y ESTACIONAL

Estaciones meteorológicas	Octubre	Noviembre	Diciembre	Media de otoño
Las Palmas	22,3	20,2	17,8	20,1
Lérida	15,5	9,5	5,7	10,1
Madrid	14,9	9,6	6	5,2
Mahón	18,4	14,4	11,9	14,9
Málaga	19,3	15,8	12,9	16
Montseny	7,2	3,7	0,8	3,9
Navacerrada	7	2,9	0	3,3
Orense	16,2	9,7	7,4	11,1
Oviedo	13,8	9,9	8,3	10,7
Palma de Mallorca	18,4	14,3	11,5	14,7
Pontevedra	14,9	11,9	9,5	12,1
Sevilla	19,2	14,6	11	14,9
Soria	11	6,2	3,1	6,8
Sta. Cruz de Tenerife	22,7	20,5	18,4	20,5
Tortosa	17,8	13,3	9,9	13,6
Valencia	18,3	14,4	11,1	14,6
Valladolid	12,8	7,7	3,3	5,6
Vitoria	12,7	8,3	5,5	8,8
Zaragoza	14,9	10,2	6,8	10,6

Precipitación mensual y estacional (en mm)

Estaciones meteorológicas	Octubre	Noviembre	Diciembre	Media de otoño
Alicante	55	33	29	39
Almería	26	27	36	29
Ávila	37	36	35	36
Barcelona	77	54	49	60
Bilbao	142	126	170	146
Cádiz	71	77	100	82
Castellón	59	46	42	49
Gerona	95	60	77	77
Granada	43	27	54	41
Guadalajara	36	36	41	37
Huelva	52	64	67	61
Jaén	56	46	78	59
Lanzarote	9	20	32	20
Las Palmas	15	47	36	32
Lérida	32	21	31	28
Madrid	53	47	57	52
Mahón	80	95	79	84
Málaga	51	77	65	64
Montseny	120	71	87	92
Navacerrada	121	134	87	114
Orense	82	100	116	99
Oviedo	94	106	109	103

PRECIPITACIÓN MENSUAL Y ESTACIONAL (EN MM)

Estaciones meteorológicas	Octubre	Noviembre	Diciembre	Media de otoño
Palma de Mallorca	77	54	51	60
Pontevedra	128	194	227	183
Sevilla	65	70	80	71
Soria	48	50	56	51
Sta. Cruz de Tenerife	31	45	51	42
Tortosa	74	43	59	58
Valencia	87	36	39	54
Valladolid	32	41	39	37
Vitoria	82	74	91	82
Zaragoza	34	28	32	31

CURSO DEL SOL Y DURACIÓN DEL DÍA EN OCTUBRE

Día	El sol sale a las	El sol se pone a las	El día dura
1	6 h 10 min	17 h 59 min	11 h 49 min
10	6 h 20 min	17 h 44 min	11 h 24 min
20	6 h 30 min	17 h 29 min	10 h 59 min
30	6 h 42 min	17 h 15 min	10 h 33 min
El día ha disminuido en octubre 1 hora y 16 minutos			

CURSO DEL SOL Y DURACIÓN DEL DÍA EN NOVIEMBRE

Día	El sol sale a las	El sol se pone a las	El día dura
1	6 h 44 min	17 h 13 min	10 h 29 min
10	6 h 54 min	17 h 03 min	10 h 09 min
20	7 h 06 min	16 h 55 min	9 h 19 min
30	7 h 17 min	16 h 50 min	9 h 33 min
El día ha disminuido en noviembre 56 minutos			

CURSO DEL SOL Y DURACIÓN DEL DÍA EN DICIEMBRE

Día	El sol sale a las	El sol se pone a las	El día dura
1	7 h 19 min	16 h 48 min	9 h 29 min
10	7 h 26 min	16 h 48 min	9 h 22 min
20	7 h 34 min	16 h 51 min	9 h 18 min
30	7 h 38 min	16 h 58 min	9 h 19 min
El día ha disminuido en diciembre 10 minutos			

El día ha disminuido en el transcurso del otoño alrededor de 2 horas y media.

Octubre

La tristeza del invierno que se está aproximando queda mermada por el increíble espectáculo que ofrece la naturaleza y que, más que un adiós, es un alegre hasta pronto.

Casi todas las hojas, antes de caer, adquieren bellísimos colores que, disfrazados en verano por el verde de la clorofila, ahora estallan en infinitas tonalidades pertenecientes a la gama del amarillo, del rojo y del ocre.

Son numerosas las especies que se cultivan precisamente por la extraordinaria belleza del follaje otoñal: el arce, el liquidámbar, el ginko biloba y el zumaque son los más destacados.

Si no disponemos de ninguno y los admiramos en los jardines de los demás, ya es hora de tomar nota de su nombre y de encargarlos: los podremos plantar tan pronto como las ramas estén desprovistas de hojas. Muchas plantas son todavía, en los jardines, restos del verano: las rosas, las dalias, las zinnias, los tagetes, las caléndulas y otras plantas, en plena floración, junto con los ásteres perennes que han brotado hace poco y que se conservarán durante todo el mes de octubre.

Los frutos de los arbustos típicos de este mes maduran con colores vivos. La reina de todos ellos es la piracanta, cuyo nombre deriva del griego y significa «espina de fuego»; sus bayas rojas, anaranjadas y doradas están reunidas en racimos tan tupidos que esconden el follaje, que permanece verde todo el año.

Mientras la mayoría de las plantas se disponen a adormecerse, el jardinero trabaja apresurado porque los días se acortan y las temperaturas disminuyen con descensos repentinos.

Si la estación lo permite, muchas de las «grandes labores de octubre» pueden prolongarse hasta mediados de noviembre e incluso más adelante, en particular en las zonas de clima suave.

Sin embargo, no nos dejemos engañar por el cielo aún despejado y el sol cálido, y controlemos diariamente las variaciones térmicas, que suelen acentuarse durante este mes con respecto a otros, y que se revelan particularmente dañinas para las plantas que todavía están activas.

Desde los primeros días de octubre prepararemos los locales destinados a acoger las plantas en macetas: limpiaremos a fondo todos los rincones y pulverizaremos el recinto con productos insecticidas y anticriptogámicos.

Sacaremos al aire libre los telones de plástico, las esteras y apoyos correspondientes que en primavera, si hemos respetado el programa, se debieron guardar en perfectas condiciones. Vigilaremos que no estén rotos ni alberguen parásitos.

Agenda del mes

— Podar árboles y arbustos recién florecidos
— Extraer y sembrar las plantas anuales
— Trasplantar las plantas bienales
— Plantar bulbos y rizomas
— Recoger las hojas caídas
— Cortar las hortensias
— Acondicionar el césped para el invierno
— Cuidar las rosas
— Proteger los arbustos
— Plantar las plantas perennes
— Practicar esquejes, acodos y estacas
— Ordenar y dividir las plantas tapizantes
— Preparar las macetas para ponerlas al abrigo

¡No hay que olvidarse de regar!

PODAR ÁRBOLES Y ARBUSTOS RECIÉN FLORECIDOS

Se podan o se cortan (en función de cómo se desee la copa) los árboles y los arbustos que han terminado su floración, tales como la lagerstroemia, el hibisco, el clerodendro, la lantana, la fucsia, etc.

El corte estimula el nacimiento de nuevas yemas y brotes, pero si estos son jóvenes, generalmente no resisten un invierno intenso, por lo que, si se prevén riesgos, es preferible aplazar la operación hasta la primavera.

EXTRAER Y SEMBRAR LAS PLANTAS ANUALES

Las plantas anuales se extraen a medida que van floreciendo, teniendo cuidado que no caigan al suelo las semillas maduras, ya que podrían brotar el próximo año en diversos puntos, lo que produciría desorden en el jardín.

Se suelen sembrar en bandejas, en particular la adonis, el agerato, la caléndula, el clavel de China, etc., para disponer de retoños listos para ser plantados a finales del invierno.

TRASPLANTAR LAS PLANTAS BIENALES

Las plantas bienales, tales como el pensamiento, el miosotis, el clavel de los poetas, el alhelí, etc., procedentes de las siembras de julio, o simplemente compradas, pueden plantarse dentro de la primera quincena del mes, dado que suelen ser las primeras en florecer en primavera.

Plantar bulbos y rizomas

Desde principios de mes (y hasta diciembre donde el suelo no se hiela), se plantan los bulbos y los rizomas, dando prioridad a los de floración precoz, tales como la campanilla de las nieves, el croco y el muscari, muchos de los cuales brotan tan pronto como se ha derretido la nieve. De ser posible, habrá que plantarlos sobre una pendiente: su superficie aparecerá con los primeros calores.

En los climas rigurosos, no se debe aplazar la labor más allá de mediados de octubre, en particular para rizomas como los iris y la hemerocala, ya que deben tener tiempo para echar raíces antes de que se endurezca el suelo.

Recoger las hojas caídas

La recogida de las hojas que caen debe ser sistemática y cuidada, con el fin de que los residuos en descomposición no embocen las alcantarillas o no se acumulen, marchitándola, sobre una plantita. Si la hojas están sanas, las apilaremos en un sitio cubierto para preparar compost y mantillo; de no ser así, las quemaremos inmediatamente.

Cortar las hortensias

Las hortensias dan en octubre una flores que, al secarse, adquieren un aspecto sérico y bellísimas tonalidades. Sería una buena costumbre recogerlas al abrigo de la casa porque duran mucho tiempo. Sin embargo, si se quieren disfrutar en el jardín, se puede aplazar la poda hasta que las matas estén en descanso o, incluso, hasta la floración.

El césped debe estar en invierno en condiciones que le permitan superar la época de recuperación vegetativa. Tras el último corte de septiembre, la temperatura suave y la humedad suelen favorecer la aparición de nueva brotación; por consiguiente, es necesario volver a cortar la superficie. No obstante, es importante dejar el césped con un cierto espesor para proteger las raíces. Es el momento idóneo para realizar remiendos eventuales, sembrando o, todavía mejor, trasplantando, en las zonas más secas o vaciadas por topos y ratones, algunos terrones extraídos de una zona más afortunada del mismo césped. Antes, naturalmente, habrá que restablecer las condiciones básicas, limpiando y rellenando las zonas con mantillo orgánico. Si, al final, el césped aparece endurecido o invadido por musgos, se aireará con una laya o se perforará con el horcón.

Las hojas caídas no deben permanecer en el césped, ya que la hierba se pone amarilla y acaba por pudrirse. En octubre, en las regiones con un invierno suave, se siembra el nuevo césped sobre el suelo preparado por lo menos desde el verano; en cambio, dentro del mes se llevan a cabo las labores preliminares para las siembras primaverales.

CUIDAR LAS ROSAS

Casi todas las rosas, por lo menos hasta mediados de mes, están aún en floración y, desgraciadamente, amenazadas por el moho blanco, la mancha negra y otras enfermedades criptogámicas, favorecidas por la humedad y la temperatura suave; además, suelen tener los botones recubiertos de afídidos. Es indispensable aplicar tratamientos específicos, recoger las hojas atacadas y quemarlas. En esta época todavía aparecen rebrotes silvestres por las raíces y por debajo del injerto, que acaban por agotar a las plantas si no se arrancan inmediatamente.

PROTEGER LOS ARBUSTOS

Los arbustos plantados en la tierra, tales como la adelfa, el jazmín, la fucsia, la buganvilla, etc., en las regiones septentrionales, se deben proteger con una cobertura en el pie, colocada sobre el suelo removido y abonado, y con las debidas protecciones, que es preferible disponer con tiempo para poder intervenir inmediatamente si bajan las temperaturas de improviso.

PLANTAR LAS PLANTAS PERENNES

Los árboles y arbustos perennes no descansan nunca completamente y, por lo tanto, hay que plantarlos cuanto antes en este mes, para que puedan echar suficientes raíces antes del invierno. Los hoyos se deben preparar con mucha antelación y, si el tiempo tiende a ser seco, será necesario mantener una humedad constante, regándolos hasta que el tiempo lo permita y protegiéndolos con una cobertura abundante de hojas, paja o turba.

La reproducción vegetativa se puede realizar con éxito en ese periodo con especies como la aucuba, el lauroceraso, la camelia y otras plantas perennes, aunque se obtienen buenos resultados también con arbustos como la espirea y la forsythia.

La humedad natural que penetra entre los pequeños orificios de la envoltura es suficiente para el acodo, mientras que la estaca se ha de enterrar bajo una cobertura de espesor grueso.

Ordenar y dividir las plantas tapizantes

Deberemos, en este periodo, limpiar a fondo las plantitas de los taludes y terraplenes. Habrá que eliminar los tallos secos; ajustar los límites de cada planta para evitar que las distintas especies se asfixien unas a otras durante la recuperación vegetativa, y arrancar las malas hierbas, después de haber mojado abundantemente el suelo. De no bastar esta operación, quitaremos la macolla, la limpiaremos a fondo y volveremos a plantarla, aprovechando, en su caso, la ocasión para dividirla. Sin embargo, se deben tener en cuenta las normas concernientes al trasplante de las especies perennes y no perennes, recordando que estas últimas se deben tocar únicamente cuando han perdido las hojas.

Las plantas de este grupo se venden en pequeños contenedores, lo que permite plantarlas en cualquier momento, pero preferentemente dentro del mes de octubre, con el fin de que empiecen a formar un buen conjunto radical.

En los climas rigurosos, las plantas en maceta que no sean arbustos, tales como el geranio, la fucsia, la gardenia, la lantana y la adelfa, se deben retirar progresivamente, agrupándolas bajo un cobertizo o en el local definitivo, pero con las ventanas abiertas.

Una vez hecho esto, se realizarán las operaciones de cepillado de las macetas, que suelen tener incrustados barro y musgo, la eliminación de la copa de las hojas enfermas o atacadas y la desinfección del local con un producto anticriptogámico polivalente.

Noviembre

El calendario indica que todavía es otoño, aunque el paisaje ya es invernal.

Con las últimas hojas desaparecieron los colores brillantes, y con ello nos damos cuenta de que en el jardín faltan (o se ven pocas, o están mal distribuidas) las plantas perennes; es entonces cuando nos percatamos de su insustituible función ornamental.

Ya es tarde para plantarlas, pero es hora, en cambio, de mirar a nuestro alrededor para descubrir las plantas más bonitas y tomar nota de su nombre, para estudiar su ubicación, para consultar catálogos y encargarlas, o por lo menos reservaremos su plaza con un palito y la tarjeta correspondiente.

Escojamos para ello las plantas perennes con colores luminosos. Las coníferas, por ejemplo, ofrecen una amplia gama: la tuya, el enebro dorado, el abeto plateado y el cedro azul.

En general, noviembre es un mes lluvioso y rico en humedad atmosférica, que las bajas temperaturas transforman en niebla.

Las plantas viven por su cuenta y se acostumbran gradualmente a la nueva situación. Entran en esa fase que, además de ser una defensa, es una pausa necesaria; no obstante, cuando el cambio estacional es brusco, experimentan una tensión inevitable que tendremos que ir atenuando poco a poco.

Hasta que el suelo no se haya endurecido por el frío, noviembre es un mes al que corresponden no sólo importantes labores (en particular, la plantación de árboles y arbustos caducifolios), sino también el programa de defensa del jardín, que debe comprender todas las plantas, delicadas o no, y aplicarse en todos los climas.

Agenda del mes

— Podar y plantar árboles y arbustos caducifolios
— Trasplantar las plantas bienales
— Plantar los bulbos con floración primaveral-estival
— Cortar, dividir y replantar las herbáceas perennes caducifolias
— Descargar los emparrados
— Cubrir el césped
— Recalzar todas las plantas
— Podar y plantar las rosas
— Colocar las protecciones de los arbustos
— Labrar y abonar el suelo
— Desecar las balsas
— Abrigar las macetas

Podar y plantar árboles y arbustos caducifolios

La poda, en esta época, es menos arriesgada que la que se efectúa a finales de invierno, cuando resulta más fácil que una ola repentina de frío mate la reciente eclosión de brotes.

Todas las especies que perdieron las hojas y que, por consiguiente, han entrado definitivamente en periodo de descanso, se deben plantar preferentemente dentro del mes.

Aunque sea posible, en teoría, realizar la operación durante todo el periodo de reposo, es preferible no esperar demasiado, ya que el suelo endurecido por el hielo o más afectado por la humedad no permite adherirse lo suficiente a las raíces, que quedan así expuestas a variaciones térmicas.

Trasplantar las plantas bienales

Las plantitas con cepellón, procedentes de siembras o bien adquiridas, pueden plantarse para que florezcan cuando suban las temperaturas.

Plantar los bulbos de floración primaveral-estival

Es tarde para plantar los bulbos que florecen de Navidad en adelante, mientras que todavía se está a tiempo para plantar los de floración primaveral-estival. Sin embargo, deben tener los brotes bien desarrollados, y deben enterrarse en surcos llenos de mantillo ligero y recubrirse con dos dedos de turba.

CORTAR, DIVIDIR Y REPLANTAR LAS HERBÁCEAS PERENNES CADUCIFOLIAS

Las perennes que acaban de florecer y todas las plantas de la misma categoría, incluidas las plantas tapizantes, deben ser bien cortadas tan pronto como hayan perdido las hojas, divididas para el aclareo y replantadas inmediatamente, de ser necesario, en otro sitio; en cambio, es tarde para trasplantar las de floración primaveral-estival. Cuando no hace falta aclarar, introduciremos la horca en algunos puntos haciendo palanca suavemente y, por último, distribuiremos mantillo orgánico.

DESCARGAR LOS EMPARRADOS

Es necesario podar a fondo los arbustos trepadores y sarmentosos, en particular si forman emparrados, de manera que se evite más adelante que el espeso enredo de ramas retenga grandes bloques de nieve.

CUBRIR EL CÉSPED

Tras las importantes labores de octubre, el césped se dispone a descansar en las mejores condiciones.

Dispondremos sobre toda la superficie una capa de 2 cm, por lo menos, de mantillo orgánico o turba abonada, que la protegerá de la escarcha y que, al incorporarse poco a poco en el césped, aumentará su espesor, lo que facilitará el espesamiento de macollas durante la recuperación vegetativa.

Recalzar todas las plantas

Las lluvias frías y persistentes, que suelen estancarse en el pie de las plantas, resultan muy dañinas, porque provocan podredumbre en el cuello. Esto se puede remediar acumulando alrededor de la base un poco de tierra y desviando eventualmente el recorrido del agua mediante pequeños surcos.

Podar y plantar las rosas

Podar enérgicamente las variedades que florecen en las ramas del año, y realizar los trasplantes en suelos preparados y abonados con bastante antelación.

Colocar las protecciones de los arbustos

Cuando la temperatura desciende por debajo de los 10°C, pondremos a punto la defensa de las especies de arbustos plantadas en plena tierra. Ataremos las protecciones de plástico a las fijaciones, dejando un respiradero en la parte lateral superior.

Labrar y abonar el suelo

Las zonas destinadas a plantaciones primaverales se deben preparar cuidadosamente durante este periodo: habrá que labrarlas, liberarlas de residuos, abonarlas con un complejo orgánico-mineral con efecto retardado y dejar los terrones desmenuzados parcialmente.

DESECAR LAS BALSAS

Desecaremos las balsas de pequeñas dimensiones, con poca profundidad, cuando la temperatura haya disminuido hasta cerca de los 5°C. Los contenedores pueden dejarse en su lugar, con una buena cobertura, o bien pueden guardarse junto con las macetas de variedades delicadas. Extraeremos y conservaremos los bulbos y rizomas según las normas habituales.

ABRIGAR LAS MACETAS

Colocaremos las macetas en las estanterías del local que les sea destinado, tanto de las especies de arbusto como de no arbusto. Si se prevé que la temperatura descenderá por debajo del límite mínimo soportable de 5°C, las arrancaremos y las colocaremos en cajitas llenas de turba y las protegeremos en el interior de un local.

Diciembre

Ya estamos en pleno invierno. Sin embargo, el hielo aparece precisamente en el periodo en que los días más cortos y el sol bajo en el horizonte provocan, en la mayoría de las plantas, una profunda interrupción vegetativa que las hace insensibles a las inclemencias meteorológicas.

Las nevadas, en este periodo, son providenciales, porque recubren el suelo de una manta aislante que impide que la temperatura descienda por debajo de los cero grados.

Bajo la nieve viven los brotes de las bulbosas (crocos, campanillas, anemones nemorosas), cuyas flores nacerán de la nieve, cuando esta se haya fundido, junto a los racimos de rosas de las saxígrafas y a las anchas corolas de los eléboros, llamados precisamente «rosas de Navidad».

Gracias a la nieve que impide su congelación y su necrosis consiguiente, siguen creciendo las yemas de flor de aquellos arbustos que ya florecen en enero, incluso en los climas más ingratos: la hamamélide, el calicanto precoz y el jazmín amarillo.

Existen zonas particularmente favorecidas por el clima, en las que es posible dedicarse a verdaderas labores de jardinería, como podar, plantar y trasplantar. Sin embargo, para evitar cualquier riesgo, es preferible limitarse a las operaciones inherentes al control del aguante de los emparrados, de las paredes de apoyo, de las protecciones, de la instalación de agua, etc., o bien a otras que no afecten a la vegetación viva, como la monda de las ramas secas.

En diciembre, gran parte de nuestro tiempo se emplea en el engorroso deambular por las tiendas y en la preparación de elaboradísimos planes, de manera que es casi preferible que la labor del jardinero sea menor y menos urgente.

Antes de que caiga la nieve, ¿por qué no transformamos en árbol de Navidad un abeto de nuestro jardín, utilizando una pértiga provista de un gancho para decorarlo de acuerdo con todas las reglas del arte? O si no, optemos por una solución más sencilla: ¿por qué no colgamos globos de colores y guirnaldas plateadas por todo el jardín, en los árboles, en los setos, debajo del emparrado, etcétera?

Agenda del mes

— Podar árboles y arbustos caducifolios
— Atar las matas
— Limpiar todas las plantas
— Pulverizar agua con efecto aislante
— Quitar la nieve de las trepadoras y de los arbustos rastreros
— Allanar el césped
— Cortar las raíces de árboles y arbustos
— Cavar y acolchar el suelo debajo de la copa
— Preparar el suelo para las plantaciones

PODAR ÁRBOLES Y ARBUSTOS CADUCIFOLIOS

Mientras la temperatura se mantenga algunos grados por encima de cero, es posible continuar la labor de poda de las especies caducifolias. Sin embargo, es aconsejable aplazar la operación hasta finales de invierno, ya que en diciembre la cicatrización de la superficie de corte es más lenta y difícil; efectivamente, la humedad puede penetrar en el interior de los tejidos y luego quebrarlos, al helar.

ATAR LAS MATAS

Cerraremos los arbustos de tipo matoso y con ramas flexibles atándolos, para mayor seguridad, a un tutor, a fin de impedir que la nieve, al acumularse en su centro, los abra en abanico sobre el suelo, enterrándolos y quebrándolos.

LIMPIAR TODAS LAS PLANTAS

En este mes conviene eliminar todas las partes muertas o dañadas de árboles y arbustos, con operaciones que no afecten las partes vivas.

PULVERIZAR AGUA CON EFECTO AISLANTE

Si no cae nieve y el aire es más riguroso, resulta muy útil pulverizar agua, en las horas más frías, sobre la capa de cobertura y sobre las protecciones, teniendo cuidado de no afectar las plantas. Así se obtiene la formación inmediata de una fina capa de hielo que impide que la temperatura del aire subyacente descienda demasiado.

QUITAR LA NIEVE DE LAS TREPADORAS Y DE LOS ARBUSTOS RASTREROS

Quitaremos cuidadosamente, con un palo, la nieve acumulada sobre las plantas trepadoras y liberaremos las ramas aprisionadas. Repetiremos esta operación a menudo, para evitar que se sobrepongan diferentes capas de hielo que puedan llegar a cubrir completamente las plantas.

ALLANAR EL CÉSPED

Cuando falta nieve, es fácil que el hielo levante el césped; en este caso, cuando el césped esté seco, pasaremos el rulo para restablecer la adherencia de las raicillas al suelo.

CORTAR LAS RAÍCES DE ÁRBOLES Y ARBUSTOS

Durante este periodo de gran descanso, conviene cortar, con golpes secos de laya, las raíces de algunos árboles y grandes arbustos, que proliferan en la superficie, junto con las plantas herbáceas y el césped, hasta el punto que pueden crear zonas vacías.

CAVAR Y CUBRIR EL SUELO DEBAJO DE LA COPA

El tiempo seco produce en el suelo helado unas grietas, a veces, incluso profundas. Labraremos suavemente la superficie para cerrar las grietas y protegeremos la tierra alrededor del tallo con una capa de cobertura o acolchado. Ello evitará que el agua, si llueve, alcance rápidamente las raíces y, por consiguiente, las congele, lo que provocaría daños muy graves.

PREPARAR EL SUELO PARA LAS PLANTACIONES

Si el suelo está «en tempero», se pueden llevar a cabo las labores preliminares para las plantaciones de finales del invierno e inicios de la primavera, limpiando, abonando y dejando bien desmenuzada la tierra destinada al relleno de los hoyos.

El invierno (enero, febrero, marzo)

TEMPERATURA MEDIA MENSUAL Y ESTACIONAL

Estaciones meteorológicas	Enero	Febrero	Marzo	Media de invierno
Alicante	11	11,8	14,0	12,3
Almería	11,7	12,2	14,1	12,6
Ávila	2,4	3,3	6,3	4
Barcelona	9,5	10,3	11,5	10,4
Bilbao	8,6	8,7	11,6	8,8
Cádiz	11,4	12,5	14,7	12,8
Castellón	10,6	11,1	13,1	11,6
Gerona	7,3	8,4	11,1	8,9
Granada	6,5	8,1	11,1	8,6
Guadalajara	4,5	5,9	9,5	6,6
Huelva	11,2	12,3	14,4	12,6
Jaén	8,1	9,5	12,3	9,7
Lanzarote	16,5	16,9	17,9	17,1

TEMPERATURA MEDIA MENSUAL Y ESTACIONAL

Estaciones meteorológicas	Enero	Febrero	Marzo	Media de invierno
Las Palmas	16,8	16,9	17,9	17,2
Lérida	4,9	7,2	11,4	7,8
Madrid	5	6,6	10	7,2
Mahón	10,4	10,7	12,2	11,1
Málaga	11,8	12,6	14,6	13
Montseny	0,3	3,3	2,5	2
Navacerrada	1,1	3,1	2,0	1,3
Orense	7	12	11	10
Oviedo	7,2	8,1	9,2	8,1
Palma de Mallorca	10,1	10,5	12,2	10,9
Pontevedra	9,2	10,1	12,3	10,5
Sevilla	10,3	11,6	14,1	12
Soria	2,3	3,5	6,6	4,1
Sta. Cruz de Tenerife	17,4	17,5	18,2	17,7
Tortosa	9,2	10,3	12,9	10,7
Valencia	10,3	10,9	13,1	11,4
Valladolid	2,7	5,1	8,7	5,5
Vitoria	4,5	5,3	8,7	6,1
Zaragoza	5,9	7,7	11,3	8,3

PRECIPITACIÓN MENSUAL Y ESTACIONAL (EN MM)

Estaciones meteorológicas	Enero	Febrero	Marzo	Media de invierno
Alicante	33	22	18	24
Almería	31	21	20	24
Ávila	23	16	32	23
Barcelona	30	40	53	41
Bilbao	140	98	82	106
Cádiz	108	60	81	83
Castellón	26	25	30	27
Gerona	35	51	86	57
Granada	45	44	54	47
Guadalajara	26	34	38	32
Huelva	75	47	73	65
Jaén	72	72	93	79
Lanzarote	34	21	15	23
Las Palmas	22	21	12	18
Lérida	23	17	29	23
Madrid	39	44	46	43
Mahón	60	44	48	50
Málaga	66	60	70	65
Montseny	51	62	102	71
Navacerrada	132	114	127	124
Orense	81	95	96	90
Oviedo	85	85	91	87

Precipitación mensual y estacional (en mm)

Estaciones meteorológicas	Enero	Febrero	Marzo	Media de invierno
Palma de Mallorca	39	34	36	36
Pontevedra	217	153	196	188
Sevilla	72	59	90	73
Soria	31	46	50	42
Sta. Cruz de Tenerife	36	39	28	34
Tortosa	26	25	42	31
Valencia	33	32	25	30
Valladolid	41	26	43	36
Vitoria	90	85	68	81
Zaragoza	16	24	30	23

Curso del sol y duración del día en enero

Día	El sol sale a las	El sol se pone a las	El día dura
1	7 h 38 min	16 h 58 min	9 h 20 min
10	7 h 37 min	17 h 07 min	9 h 30 min
20	7 h 34 min	17 h 18 min	8 h 44 min
30	7 h 26 min	17 h 31 min	10 h 04 min
En enero el día ha aumentado 44 minutos.			

CURSO DEL SOL Y DURACIÓN DEL DÍA EN FEBRERO

Día	El sol sale a las	El sol se pone a las	El día dura
1	7 h 25 min	17 h 32 min	10 h 05 min
10	7 h 15 min	17 h 43 min	10 h 28 min
20	7 h 02 min	17 h 55 min	10 h 53 min
28	6 h 51 min	18 h 00 min	11 h 13 min
En febrero el día ha aumentado 1 hora y 8 minutos.			

CURSO DEL SOL Y DURACIÓN DEL DÍA EN MARZO

Día	El sol sale a las	El sol se pone a las	El día dura
1	6 h 49 min	18 h 06 min	11 h 17 min
10	6 h 35 min	18 h 15 min	11 h 40 min
20	6 h 19 min	18 h 26 min	11 h 56 min
30	6 h 03 min	18 h 36 min	12 h 33 min
En marzo el día ha aumentado 1 hora y 21 minutos.			

El día ha aumentado en el transcurso del invierno alrededor de 3 horas.

Enero

Noviembre y diciembre hermanaron, en cierto modo, las distintas regiones españolas por su paisaje. Donde el clima ha sido más benévolo, los días más cortos han dejado reposar las plantas. Sin embargo, en enero, una hora más de luz y el sol más alto favorecen un aumento de las temperaturas y muchas plantas se despiertan para prepararse a las floraciones de febrero.

Si constatamos que en nuestro jardín están a gusto las especies amantes del frío, tales como el calicanto, la hamamélide y el jazmín amarillo (ya que no dejan de abrir sus numerosas corolas), entonces podríamos pensar en plantar más para el próximo invierno.

En diciembre, la nieve suele caer sobre las labores en curso y ahora, al fundirse, descubre un suelo en malas condiciones, con residuos a su alrededor: fragmentos de ramas quebradas, trozos de protecciones, etc. Todo ello ofrece la imagen de un jardín abandonado, también por la falta de notas alegres que distraigan la vista.

Es necesario ordenarlo todo lo antes posible, antes de que vuelva a caer más nieve y, sobre todo, hay que arreglar las protecciones aprovechando algunas horas de sol cálido.

El jardinero de las zonas donde la nieve haya sido abundante y continuada, no tendrá otro remedio que aguardar al deshielo; mientras tanto, podrá ir planeando las futuras labores, que serán arduas, sobre todo si el suelo ha permanecido descuidado mucho tiempo.

Por otro lado, en este mes se presenta el problema de desmontar el árbol de Navidad. Si ha sido comprado en maceta —idea inteligente por parte de quien posea un jardín donde pueda ser colocado—, la plantación no ofrece dificultad alguna, a no ser la de la adaptación a condiciones ambientales totalmente diferentes. Tras haber soportado la atmósfera caliente y seca de la casa, el abeto sufre si se le hace pasar al ambiente puro y helado del jardín invernal que, a pesar de todo, le es más agradable y conveniente. Por lo tanto, deberemos acostumbrar poco a poco al árbol al cambio de ambiente, trasladándolo primero a un local sin calefacción o a una galería, y con la maceta protegida con paja y bolsas. Lo plantaremos sólo cuando ya no pierda las agujas o le hayan salido las nuevas.

En el periodo de transición, cuya duración dependerá del clima y, por lo tanto, también de las condiciones de labranza del suelo, habrá que mojar moderadamente el abeto con agua estancada en las horas más cálidas, y abonarlo únicamente cuando se tenga la certeza de que ha superado la crisis.

Sin duda alguna, es más difícil recuperar el árbol adquirido con las raíces desnudas, aunque ello se puede lograr poniendo el árbol en una maceta, siguiendo las normas indicadas más arriba, hasta que haya formado un buen cepellón.

Agenda del mes

— Plantar árboles y arbustos caducifolios
— Regar con temperaturas superiores a 10 °C
— Recalzar bulbos y rizomas
— Limpiar las ramas
— Sustituir el acolchado
— Remozar el césped
— Plantar las rosas
— Airear los arbustos
— Labrar superficialmente el suelo
— Empezar con los tratamientos antiparasitarios

Plantar árboles y arbustos caducifolios

Resulta posible plantarlos en cualquier momento durante el descanso, pero en hoyos llenos de mantillo ligero y orgánico, que tiene menos tendencia a helarse y, en caso de lluvia, no se queda pegajoso. También se puede revolver y desmenuzar para añadirle el abono.

Regar con temperaturas superiores a 10 °C

En los climas donde ya se aprecie un aumento considerable de las temperaturas, regaremos con moderación y regularidad, en las horas más cálidas, las plantas recientemente plantadas, en particular las perennes, que todavía no han arraigado del todo.

Recalzar bulbos y rizomas

El relativo calor diurno que se va alternando con el hielo nocturno provoca variaciones de volumen en el suelo, variaciones que descalzan bulbos y rizomas. Después de haber comprimido ligeramente la superficie, teniendo cuidado de no dañar los brotes, la recubriremos con nuevo mantillo o con turba.

Limpiar las ramas

Muchas ramas que creíamos sanas y con buena salud revelaron con el peso de la nieve su precariedad. Aprovechemos este periodo, cuando el frío aconseja intervenir en mayor medida en las plantas, para efectuar y llevar a cabo todas las operaciones de limpieza. La reducción de una ramificación quebrada o hendida requiere la protección inmediata de la superficie de corte, cuando supera el diámetro de 3 o 4 cm, con el betún especial.

SUSTITUIR EL ACOLCHADO

Sustituiremos la capa de cobertura, que generalmente estará en mal estado y arrancada por la nieve, incluso en las zonas menos frías, donde los vaivenes de la temperatura continúan siendo fuertes.

REMOZAR EL CÉSPED

Si el césped, una vez sin nieve, presenta charcos, nos limitaremos a efectuar algunos orificios y a restablecer la uniformidad de la superficie distribuyendo turba mezclada con arena, que absorberá el agua dejando que se filtre. No se deberá cavar para hacer verdaderas reparaciones, ya que el charco podría ocultar raíces aún vivas y capaces de rebrotar.

PLANTAR LAS ROSAS

Enero es un buen mes para plantar las rosas, tan pronto como se pueda labrar el suelo. De todas formas, hay que tener en cuenta que en las zonas más favorecidas por el clima pueden haberse despertado ya, por lo que este mes será demasiado tarde.

AIREAR LOS ARBUSTOS

En muchas localidades, el tiempo soleado provoca la formación de vapor de agua que se condensa dentro de las protecciones de plástico de los arbustos plantados en plena tierra. Por lo tanto, es preciso ventilarlos con moderación, durante las horas más cálidas, y cerrar luego las protecciones como antes. La humedad almacenada durante el día se transforma en agua helada, que se deposita por la noche sobre las hojas y las daña profundamente.

LABRAR SUPERFICIALMENTE EL SUELO

Cuando la temperatura haya ablandado bien el suelo, lo labraremos en superficie para romper la corteza e incorporaremos los materiales de cobertura.

EMPEZAR CON LOS TRATAMIENTOS ANTIPARASITARIOS

La lucha preventiva es el medio más eficaz para eliminar los enemigos de las plantas. Cuando las plantas duermen, sienten de una manera menos pronunciada los eventuales efectos negativos derivados de la pulverización con productos fitosanitarios.

Febrero

El día se alarga visiblemente y con el cielo sereno los rayos del sol, que ya no se inclinan tanto sobre el horizonte, empiezan a calentar el ambiente.

Este es el mes en que posiblemente se registran las mayores disparidades climáticas en nuestra península. Mientras que el clima no ha variado nada o casi nada en el norte y en las zonas interiores del centro con respecto a enero, en el sur y en el litoral mediterráneo las floraciones amarillas de la hierba cana y de la mimosa son señales evidentes de una primavera precoz.

Asimismo, en el espacio limitado del jardín se aprecia, en este periodo, un comportamiento anómalo de la vegetación: mientras todo duerme alrededor, en un nicho cubierto por un seto, en el borde de una pared expuesta al sol de mediodía, las plantas se despiertan con antelación y lo demuestran con un grosor evidente de las yemas. Ello puede ser peligroso, debido a que las oscilaciones térmicas son aún sensibles y pueden provocar otra vez, con una nueva aparición de la nieve, las condiciones típicas del invierno. Vigilemos, en consecuencia, estas plantas y, si fuera necesario, protejámoslas mejor. Será necesario controlar diariamente la temperatura y airear en las horas más calientes las plantas abrigadas, para evitar que el vapor de agua que se forma durante el día se deposite de noche sobre las hojas, en forma de gélido velo.

En febrero, plantemos la estrella de Navidad que nos han regalado. Hacia primeros de mes, esta clásica planta navideña empieza a perder las hojas, lo que nos indica que quiere descansar. Así pues, hay que disminuir poco a poco los riegos y, cuando las ramas estén prácticamente desnudas, las cortaremos de 10 a 15 cm por encima de la base, naturalmente después de un nudo, y trasladaremos la maceta al local de abrigo, junto con los geranios, de manera que la aún relativamente baja temperatura favorezca el descanso vegetativo. En primavera, cuando se aprecie que la planta esté despertando, habrá que reponerla en la maceta con mantillo universal muy ligero y regarla normalmente hasta la formación de nuevos brotes. A continuación, se abonará regularmente, conservándola en el jardín, a la sombra, hasta octubre, mes en que se volverá a guardar en casa, en un lugar donde haya mucha luz, para favorecer la coloración de las brácteas, es decir, de las hojas que rodean las pequeñas flores amarillas.

Agenda del mes

— Podar y cortar árboles y arbustos recién florecidos
— Podar y plantar árboles y arbustos caducifolios
— Sembrar las plantas anuales
— Dividir las herbáceas perennes caducifolias
— Rastrillar, airear y allanar el césped
— Sembrar las plantas trepadoras anuales
— Regar las plantas perennes
— Podar y arreglar los setos
— Labrar y abonar el suelo
— Aplicar los tratamientos antiparasitarios

PODAR Y CORTAR ÁRBOLES Y ARBUSTOS RECIÉN FLORECIDOS

Quitaremos lo antes posible las ramas marchitas de las especies que ya florecieron en diciembre y enero, mediante cortes y podas enérgicas, en función de cada caso, para que empiecen inmediatamente a formar nuevas ramificaciones. Intervendremos también sobre las especies

de bayas que la nieve, al fundirse, arrastró definitivamente.

PODAR Y PLANTAR ÁRBOLES Y ARBUSTOS CADUCIFOLIOS

La poda de las especies caducifolias representa un riesgo
en las zonas donde un retorno del frío o una nevada ines-
perada matan yemas ya en plena vegetación, obligando
a efectuar más adelante nuevos cortes que reducen excesivamente la copa.

Hasta finales de mes, plantaremos las especies con
raíz desnuda. Con respecto al periodo comprendido entre noviembre y enero, la plantación resulta ahora más
ventajosa, puesto que la temperatura más elevada estimula la creación de raíces. De todas formas, es el último
periodo útil para realizar esta operación, porque en
marzo las condiciones más favorables estimulan la germinación antes de que el aparato radicular sea capaz de
soportar la nueva vegetación.

SEMBRAR LAS PLANTAS ANUALES

Hacia mediados de mes, sembraremos las plantas anuales, preferentemente debajo de un túnel o dentro de ar-
cones, en un lugar protegido.

DIVIDIR LAS HERBÁCEAS PERENNES CADUCIFOLIAS

Si no se hizo en otoño, o bien si están demasiado tupidas,
o si se desea multiplicarlas, dividiremos estas especies antes de que produzcan hojas.

Tan pronto como se note el despertar vegetativo rastrillaremos para quitar el mantillo eventual y las hojas que pudiera haber en la superficie; si se considera necesario mejorar la consistencia del césped, incorporaremos el material sano mediante la laya o el horcón.

En algunos tipos de césped, el agua pluvial, o la procedente de la nieve derretida, se estanca debajo de los terrones levantados por el hielo, marchitando primero las raíces y, a continuación, cuando fluye o se evapora, dejando zonas vacías o secas. Por lo tanto, hay que intervenir antes de que ello se produzca, cuando el suelo todavía no esté muy impregnado de humedad, allanando repetidamente el suelo para establecer la adherencia del césped a la capa subyacente. En el caso de que ya hayan aparecido vacíos, utilizaremos la técnica de la integración, con el trasplante de terrones o con mantillo mezclado con simiente.

Sembrar las plantas trepadoras anuales

Las semillas de especies anuales de gran desarrollo, tales como el convólvulo, las campanillas y el guisante de olor, pueden plantarse directamente en la base de los zarzos o de los emparrados, y ser protegidos con cobertura.

Regar las plantas perennes

Donde la temperatura alcanza y supera los 10 °C, o de todas formas está lejos de los cero grados, incluso de noche será necesario regar todas las plantas que estén en fase de descanso, como las perennes, sobre todo si fueron plantadas antes del invierno y no han tenido tiempo de completar el arraigo.

Regaremos en las horas en las que haga más calor con agua a temperatura ambiente, o mejor con algunos grados más, en cantidad suficiente para embeber moderadamente el suelo.

PODAR Y ARREGLAR LOS SETOS

En este mes, de una manera más o menos precoz en función del clima, se podan por primera vez los setos, tanto caducifolios como perennes.

En el caso de los setos perennes, esperaremos a que haya pasado el frío más intenso. Para arreglarlos, cortaremos por lo menos 20 o 30 cm por debajo de la altura prefijada.

LABRAR Y ABONAR EL SUELO

Empezaremos a labrar con mayor frecuencia, alcanzando una capa más profunda, en las zonas de alrededor de los tallos, a lo largo de las hileras y de los setos, para airear el suelo después del invierno. Si no se hizo nada en otoño, o si se teme que la deslavadura excesiva haya eliminado una gran parte de las reservas nutritivas, abonaremos de nuevo con un producto de efecto lento, es decir, que no estimule demasiado la vegetación, en particular en las zonas donde todavía haga frío.

Conviene repetir las pulverizaciones, en particular contra las formas hibernales de afídidos y cochinillas, que anidan en las cortezas.

Marzo

Marzo, a caballo entre el invierno y la primavera, sería el mes más apropiado para las grandes labores del jardín.

La tierra, gracias a las temperaturas mínimas en casi todas partes decididamente superiores a cero, se puede labrar fácilmente, y las plantas, excepto algunas que se desarrollan con el frío, todavía no han despertado.

Pero este mes es también un poco inestable: además de los repentinos cambios de tiempo, que provocan fuertes variaciones térmicas, también pueden caer nevadas tardías, que destruyen las nuevas yemas.

Por lo tanto, procuraremos no estimular las ramas con podas ni descubrir demasiado los arbustos.

Lo mejor es no adelantar las operaciones, puesto que será suficiente concluir las labores al final del mes, aun cuando en el calendario ya sea primavera.

Si la evolución climática sigue las normas, las lluvias regulares facilitan el arraigo de las plantas, que se podrán plantar a medida que vayan creciendo. Nos aseguraremos de que haya la humedad necesaria, aunque a veces sea excesiva, ya que en este periodo se ve compensada por una evaporación más activa.

Teniendo en cuenta que marzo es, de todas formas, el último mes en que se pueden plantar árboles y arbustos caducifolios, si el mal tiempo no permite trabajar todos los días, es preferible dar la prioridad a estas especies, porque más adelante ya no se podrán tocar, pues entonces habrán salido del descanso.

Intentemos llevar a cabo todas aquellas labores de preparación, layadura, hoyos y trincheras sin dejar, no obstante, el jardín en condiciones provisionales. El mes que viene, la temperatura nos invitará a permanecer al aire libre aunque el jardín, por varias razones, no podrá estar completo. Pero recordemos que un proyecto inacabado también podrá ser agradable a la vista si ha sido llevado a cabo respetando las reglas.

Al igual que febrero, marzo es un mes donde predomina el color amarillo, ya que al lado de la mimosa, que sigue floreciendo, brota la forsythia, que volveremos a encontrar durante todo el mes de abril.

Resisten todavía, en los climas más fríos, las flores de los arbustos invernales, mientras que aparecen ya en los prados la primavera y las primeras plantas tapizantes (aubecia, campánula, arábide) en la superficie.

Agenda del mes

— Podar y plantar árboles y arbustos caducifolios
— Regar
— Sembrar las plantas anuales
— Plantar los bulbos
— Limpiar, dividir y replantar las herbáceas perennes
— Eliminar las malas hierbas
— Podar y abonar las hortensias
— Igualar, allanar y plantar el césped
— Plantar, podar, abonar y cuidar las rosas
— Reaclimatar los arbustos al ambiente exterior

— Practicar esquejes, acodos y estacas
— Cavar y escardar el suelo
— Aplicar los tratamientos antiparasitarios
— Construir nuevas balsas y plantar en ellas
— Airear las macetas abrigadas

PODAR Y PLANTAR ÁRBOLES Y ARBUSTOS CADUCIFOLIOS

Podaremos los arbustos que florecieron en invierno y los que florecen, uno tras otro, durante el mes.

Es el último periodo para plantar las especies caducifolias, y también las plantas trepadoras y setos, de raíz desnuda.

REGAR

En los climas suaves y no lluviosos no debe faltar la humedad necesaria a las plantas que han entrado en plena actividad vegetativa, y que se detectan fácilmente. Se puede seguir regando, durante el día, a condición de que el agua no sea demasiado fría.

SEMBRAR LAS PLANTAS ANUALES

En las zonas donde la temperatura se ha estabilizado por encima de los 10 °C, se pueden sembrar numerosas especies anuales, en particular trepadoras, que florecerán hasta el otoño. Las pondremos a la sombra durante el día y las protegeremos durante la noche con un túnel.

PLANTAR LOS BULBOS

Plantaremos los bulbos de floración estival-anual, después de haber comprobado que tienen la yema central íntegra y a punto de despertar. Los enterraremos en pequeños hoyos o surcos llenos de mantillo ligero y los cubriremos con turba.

LIMPIAR, DIVIDIR Y REPLANTAR LAS HERBÁCEAS PERENNES

Si no se hizo en otoño, este periodo es idóneo para limpiar las macollas que tienen las ramas secas. Extraeremos las que sobren, dando prioridad a las especies caducifolias y nos ocuparemos, más adelante, tan pronto como den señales de recuperación, de las perennes. Si se quiere, se pueden trasplantar enseguida en otro lugar.

Es necesario reducir sobre todo las que continúan produciendo vegetación sobre un tapiz de hojas muertas que, al final, acaban por impedir el arraigo de nuevos brotes.

ELIMINAR LAS MALAS HIERBAS

También en las zonas que acaban de salir del invierno, brotan de la nieve fundida macollas muy verdes de álsines y de muchas otras malas hierbas, que viven sobre las hojas muertas.

Si no se remedia enseguida cavando, rastrillando y quemándolas, en poco tiempo florecerán y las encontraremos en todo el jardín. Aplicaremos la lanza térmica sobre un suelo sin vegetación y destinado a plantaciones y siembras.

Dijimos, en octubre, que era preferible aplazar, por diferentes razones, la poda de las hortensias hasta la recuperación vegetativa. Cortaremos ahora sobre las yemas de flor, que se reconocen fácilmente por su forma globosa y su mayor tamaño. Si la mata está poco desarrollada, podemos cortar también algunas ramas sobre las yemas de madera, para estimular nuevas ramificaciones. Cavaremos el suelo debajo de la copa y abonaremos, además de con la enmienda «ácida», con un abono específico.

IGUALAR, ALLANAR Y PLANTAR EL CÉSPED

El césped se caracteriza en marzo por sufrir la vigorosa brotación de malas hierbas de nueva procedencia, que suelen ser arrastradas por los arroyuelos formados por la nieve, en fase de derretimiento. Antes de que crezcan, las arrancaremos sin dañar el césped.

En este periodo, da buenos resultados la homogeneización. También es conveniente el relleno de los hoyos producidos por hundimientos eventuales debajo del césped, con el sistema del corte en cruz.

Distribuiremos un fertilizante especial, capaz de desarrollar y soportar la recuperación vegetativa.

Generalmente, en algunos puntos, se observará que el césped esté levantado por culpa del hielo y del deshielo y, por consiguiente, es necesario arreglarlo con el allanamiento efectuado sobre suelo seco.

En climas de invierno frío, se instalará, dentro del mes, el nuevo césped sobre el suelo ya preparado desde finales de otoño (o, por lo menos, desde algunas semanas antes).

Plantar, podar, abonar y cuidar las rosas

Si queremos tener una floración hermosa y abundante a partir del mes de mayo, conviene plantar las especies en macetas, cosa que tendremos que hacer antes de que las yemas despierten.

Podaremos muy cortas las ramas de las variedades reflorecientes, para obtener así una copa bien desarrollada y rica en yemas de flor.

Durante las labores, usaremos abonos no demasiado estimulantes, ricos en fósforo y potasio.

Es necesario empezar la lucha preventiva contra las enfermedades, en particular contra la mancha negra y el moho blanco.

Reaclimatar los arbustos al ambiente exterior

Abriremos con más frecuencia y durante más tiempo las protecciones a partir de primeros de mes. Al acabar el periodo, podremos quitarlas.

Practicar esquejes, acodos y estacas

Es posible multiplicar ahora, con estos métodos, árboles y arbustos que se encuentren en fase de recuperación vegetativa.

Es también el momento ideal para quitar los rebrotes con sus raíces, que nacen al pie de algunos arbustos. A continuación, los plantaremos directamente, comprobando que no les falta la humedad que necesitan para el arraigo.

Cavar y escardar el suelo

Empezaremos a labrar el suelo, si no está mojado, alrededor del pie de las plantas, a lo largo de hileras y bordillos, enterrando el mantillo orgánico y la turba colocados en otoño y sustituidos en invierno.

Aplicar los tratamientos antiparasitarios

Aplicaremos en todas las especies los tratamientos preventivos con anticriptogámicos e insecticidas de largo alcance.

Construir nuevas balsas y plantar en ellas

Ya que el mes que viene, o a más tardar en mayo, las plantas acuáticas entrarán en actividad, hay que acabar dentro del mes de marzo la excavación de los estanques y su impermeabilización. Dispondremos también el sustrato de cultivo, con abono orgánico recubierto de tierra, con una profundidad variable en función de las características de las especies que vayamos a cultivar.

Airear las macetas abrigadas

Airearemos todas las especies guardadas en invierno, dejando el local abierto en las horas más calurosas del día, hasta que la temperatura ronde los 15 °C.

En este periodo de transición, eliminaremos las hojas secas o dañadas, aplicaremos los tratamientos preventivos y regaremos con moderación.

La primavera
(abril, mayo, junio)

TEMPERATURA MEDIA MENSUAL Y ESTACIONAL

Estaciones meteorológicas	Abril	Mayo	Junio	Media de primavera
Alicante	15,9	19,1	22,7	19,2
Almería	16,1	18,4	22	18,8
Ávila	8,7	12,2	16,4	12,4
Barcelona	14,6	16,2	19,6	16,8
Bilbao	12,1	14,6	17,6	14,7
Cádiz	16,6	18,8	22,2	19,2
Castellón	14,9	17,8	21,6	18,1
Gerona	13,4	16,7	20,8	17
Granada	13,5	16,3	21,9	17,2
Guadalajara	11,9	15,8	20,2	15,9
Huelva	16,6	18,8	22,3	19,2
Jaén	14,9	18,9	23,8	19,2
Lanzarote	18,8	19,8	21,5	20

TEMPERATURA MEDIA MENSUAL Y ESTACIONAL

Estaciones meteorológicas	Abril	Mayo	Junio	Media de primavera
Las Palmas	18,5	19,6	21,2	19,8
Lérida	14,6	18,3	21,9	18,3
Madrid	12,9	16,2	21,2	16,8
Mahón	14,2	17,4	21,3	17,6
Málaga	16,2	19,1	22,6	19,3
Montseny	4,4	7,5	11,9	7,9
Navacerrada	4,1	6,9	12,5	7,8
Orense	12,6	16,4	19,2	16,1
Oviedo	10,4	13,5	15,9	13,3
Palma de Mallorca	14,5	17,3	21,4	17,7
Pontevedra	14,2	15,6	18,6	16,1
Sevilla	16,4	19,1	23,4	19,6
Soria	8,9	11,8	16,5	12,4
Santa Cruz de Tenerife	19,2	20,4	22,2	20,6
Tortosa	15,4	18,3	22,2	18,6
Valencia	14,8	17,8	21,3	18,0
Valladolid	10,9	14,0	18,5	14,4
Vitoria	10,4	13,1	16,7	13,4
Zaragoza	13,7	17,0	20,6	17,1

Precipitación mensual y estacional (en mm)

Estaciones meteorológicas	Abril	Mayo	Junio	Media de primavera
Alicante	42	29	14	28
Almería	28	17	4	16
Ávila	34	55	37	42
Barcelona	45	54	40	46
Bilbao	85	84	78	82
Cádiz	43	30	6	26
Castellón	33	43	29	35
Gerona	69	73	59	67
Granada	46	38	11	31
Guadalajara	31	41	24	32
Huelva	40	28	8	25
Jaén	63	59	15	39
Lanzarote	7	2	1	3
Las Palmas	8	3	1	4
Lérida	50	43	45	46
Madrid	45	44	28	39
Mahón	34	37	21	30
Málaga	41	29	3	24
Montseny	72	100	71	81
Navacerrada	134	127	68	109
Orense	50	50	39	46
Oviedo	92	78	64	78

PRECIPITACIÓN MENSUAL Y ESTACIONAL (EN MM)

Estaciones meteorológicas	Abril	Mayo	Junio	Media de primavera
Palma de Mallorca	23	27	20	23
Pontevedra	126	134	55	105
Sevilla	51	36	9	32
Soria	49	63	55	55
Santa Cruz de Tenerife	13	6	0	6
Tortosa	45	67	51	54
Valencia	32	32	22	28
Valladolid	35	37	33	35
Vitoria	70	76	59	51
Zaragoza	31	47	37	35

CURSO DEL SOL Y DURACIÓN DEL DÍA EN ABRIL

Día	El sol sale a las	El sol se pone a las	El día dura
1	5 h 59 min	18 h 38 min	12 h 39 min
10	5 h 48 min	16 h 47 min	13 h 02 min
20	5 h 30 min	18 h 58 min	13 h 28 min
30	5 h 16 min	19 h 08 min	14 h 02 min
El día crece en abril 1 hora y 23 minutos.			

CURSO DEL SOL Y DURACIÓN DEL DÍA EN MAYO

Día	El sol sale a las	El sol se pone a las	El día dura
1	5 h 14 min	19 h 09 min	13 h 55 min
10	5 h 04 min	19 h 18 min	14 h 14 min
20	4 h 54 min	19 h 28 min	14 h 34 min
30	4 h 48 min	19 h 36 min	14 h 48 min
El día crece en mayo 53 minutos.			

CURSO DEL SOL Y DURACIÓN DEL DÍA EN JUNIO

Día	El sol sale a las	El sol se pone a las	El día dura
1	4 h 47 min	19 h 38 min	14 h 51 min
10	4 h 44 min	19 h 44 min	15 h 00 min
20	4 h 44 min	19 h 48 min	15 h 04 min
30	4 h 48 min	19 h 49 min	15 h 01 min
El día crece en junio 10 minutos.			

El día aumenta en el transcurso de la primavera alrededor de 2 horas y media.

Abril

En abril, la temperatura ya no desciende por debajo de los 10 °C, ni siquiera de noche, excepto en las zonas más desfavorecidas durante los años más desafortunados. Si el cielo está despejado, se puede comer en el jardín, los vecinos nos visitan para ver si nuestro césped «está más verde», y los niños quieren jugar en él a la pelota. Ya ha pasado la época de las grandes labores y las que son indispensables se hacen rápidamente, sin ninguna dificultad.

Abril es un mes en el que la advertencia «último plazo para…» aparece con más frecuencia e insistencia: último plazo para plantar, para podar, para acondicionar el césped, para plantar los bulbos, para eliminar las malas hierbas, que ya florecen.

Nos damos cuenta demasiado tarde de que hubiera sido razonable, útil y prudente respetar el programa relativo a todas aquellas operaciones de gran envergadura, como la preparación de los hoyos para las plantas perennes, la limpieza de los árboles, el reajuste de las estructuras, y así sucesivamente. Ahora, desgraciadamente, ya no hay tiempo para ello, en particular si hemos aceptado el reto del huerto.

La labor de mantenimiento es intensa, sobre todo en los jardines que han debido soportar los rigores de un largo invierno: rastrillar, escardar, eliminar las ramas dañadas, vaciar y ordenar los locales que cobijaban las macetas. Se empieza a regar, abonar y cortar las flores secas con regularidad.

Mientras las floraciones de marzo todavía no se han agotado, brotan las espireas, los prunos, las lilas y las clemátides de varios colores.

Agenda del mes

— Sembrar y trasplantar las plantas anuales
— Plantar bulbos y rizomas
— Abonar

— Trasplantar y cortar las herbáceas perennes
— Abonar y cubrir el césped
— Cuidar y colorear las hortensias
— Abonar y cuidar las rosas
— Plantar los perennes
— Podar los setos caducifolios y perennes
— Practicar esquejes, acodos y estacas
— Labrar el suelo
— Preparar las balsas
— Poner al aire libre las macetas

¡No olvide regar!

Sembrar y trasplantar las plantas anuales

Con temperaturas nocturnas superiores a los 10 °C, se pueden sembrar al aire libre, empleando ocasionalmente un túnel de protección, muchas especies anuales de floración estival, e incluso se pueden plantar las que ya están listas con su cepellón.

Plantar bulbos y rizomas

Se puede aún plantar los bulbos y rizomas de floración estival otoñal, pero sólo si ya están pregerminados.

Abonar

La distribución urgente o no de fertilizantes a todas las plantas en recuperación dependerá mucho de la cantidad de lluvia y de nieve caída del periodo anterior que pueden haber arrastrado una gran parte de los principios fertilizantes solubles. En este momento, conviene suministrar abonos complejos, incluso con efectos rápidos.

Trasplantar y cortar las herbáceas perennes

Plantaremos con el cepellón todas las plantas de este grupo, que comprende también las tapizantes, para llenar las piedras, los taludes y los bordillos.

Cortaremos muy abajo las especies que producen tallos largos, incapaces de soportar su peso más adelante, para obtener, aunque con un poco de retraso, macollas compactas y tupidas de flores.

Abonar y cubrir el césped

Distribuiremos sobre la superficie herbosa, una vez subsanados todos los posibles defectos, un abono particularmente estudiado para el césped, mezclado con mantillo y turba. La capa de cobertura que se obtiene, además de mantener la frescura, facilita la formación de un nuevo césped uniforme y compacto sobre la base del antiguo.

Cuidar y colorear las hortensias

Las hojas de las hortensias suelen aparecer descoloridas debido a la elevada alcalinidad del suelo, cuya reacción debe corregirse suministrando, mediante el riego, sulfato de hierro diluido en agua (2 g/l).

Se empieza la coloración diluyendo en agua los productos especiales que intensifican las tonalidades azules, o bien las rojas, en las variedades que ya poseen las características naturales necesarias, como las hortensias llamadas «azuladas», o las que ya tienen marcados matices de rojo.

ABONAR Y CUIDAR LAS ROSAS

Las rosas se preparan durante la gran labor de mayo y deben vigilarse cuidadosamente. Eliminaremos para ello las malas hierbas, que nacen en grandes cantidades en las raíces y a lo largo del tallo, debajo del punto de injerto. Las abonaremos con un fertilizante específico, aplicaremos regularmente los productos contra criptógamas e insectos y comprobaremos, uno tras otro, los sarmientos que crezcan en los zarzos.

PLANTAR LOS PERENNES

Este es el último plazo para plantar los perennes de raíz desnuda, que requieren tratamientos particulares para arraigar, sobre todo en las zonas donde la temperatura ya es bastante elevada. Además de regarlos abundantemente, se recomienda mantener la humedad con una buena cobertura.

PODAR LOS SETOS CADUCIFOLIOS Y PERENNES

Las operaciones de poda de las especies caducifolias, que presentan abundantes renuevos, deberían limitarse sencillamente al corte, si los cortes importantes ya se efectuaron en otoño.

Las especies perennes, además del corte de regularización, se pueden someter a podas de rejuvenecimiento, también con cortes en las ramas más bajas y la reducción de la altura, para provocar un aumento de la base.

Si los setos están formados por especies de flor, que ya han producido o que producirán, seguiremos las normas correspondientes.

PRACTICAR ESQUEJES, ACODOS Y ESTACAS

Las plantas están en plena actividad vegetativa y se hallan en condiciones de producir nuevas raíces desde los tallos si se dan las condiciones apropiadas.

LABRAR EL SUELO

Los riegos abundantes y el sol facilitan la formación de una corteza superficial, que se deberá romper frecuentemente con las escardaduras. Es necesario realizar esta operación en la zona próxima al tronco de los árboles y arbustos, que es invadida rápidamente por las malas hierbas.

PREPARAR LAS BALSAS

Si quedaron enterrados órganos subterráneos de especies de arbustos, nos limitaremos a remover la capa de protección colocada en noviembre y a restablecer la capita de arena necesaria para impedir el enturbiamiento del agua que, por otra parte, se debe introducir cuando el sol esté alto y a una temperatura ambiente.

Poner al aire libre las macetas

Pueden sacarse finalmente al aire libre las especies de arbustos guardadas en macetas desde el mes de octubre, sin olvidar regarlas y abonarlas regularmente.

Mayo

Si abril tuvo un decurso normal, mayo debería ser el verdadero preludio del verano. Sin embargo, aunque la nieve permaneció durante largo tiempo o, peor todavía, volvió a caer en Semana Santa, en mayo ya no se corre riesgo alguno en ninguna zona.

El jardín vive plenamente gracias a todos sus elementos: árboles, arbustos, setos, césped, herbáceas perennes y anuales, bulbos, rizomas. Podemos decir que cada tipo de planta está presente y en plena actividad.

En cambio, el jardinero que ha trabajado duro meses atrás, dosificando las diversas labores, puede finalmente descansar un poco y detenerse a admirar los resultados de sus desvelos. En efecto, mayo requiere sobre todo labores de mantenimiento del jardín y de asistencia normal a las plantas. Los días templados y las noches reparadoras no imponen la necesidad de riegos urgentes, por lo que las flores duran más tiempo en las ramas.

Hay que regar las plantas anuales y las especies plantadas recientemente, que no tienen todavía un aparato radical muy desarrollado para poder independizarse; no obstante, no ocurrirá nada demasiado grave si obviamos algunos de los puntos.

Lo que da más trabajo es la lucha contra las malas hierbas, que vienen de lejos, arrastradas, como siempre, por el viento y por la lluvia, pero sobre todo por los pájaros que, cada vez más numerosos, se instalan en el jardín, y que, a pesar de que sean culpables de algunos inconvenientes, son siempre agradables huéspedes que constituyen un complemento natural del jardín.

A pesar de los tratamientos invernales, el ataque de los parásitos se hace sentir, en particular el de los afídidos, sobre todo en los brotes y los botones. Si son pocos, los eliminaremos poco a poco, con la mano o tirando un chorro de agua: ya no conseguirán subir más si no es con la ayuda de las hormigas. Por lo tanto, hemos de luchar también contra estos insectos, destruyéndolos de manera sistemática.

Mayo es pródigo en colores: las azaleas tapizan taludes enteros, y florecen la glicina, la clemátide, el árbol de Judas, los *prunus* y las retamas. Pero sobre todo es el mes de las rosas, de cualquier variedad, de cualquier color, de cualquier altura; pensemos entonces en la posibilidad de introducir nuevas clases de rosas, para hacer juegos de colores y para tener una rotación en las floraciones. Siempre encontraremos un espacio para los rosales «miniatura», ya que tienen suficiente con la franja de tierra destinada generalmente a las plantitas anuales.

Agenda del mes

— Podar árboles y arbustos no florecidos
— Regar

— Plantar las plantas anuales de floración estival y otoñal
— Plantar bulbos y tubérculos
— Cortar las herbáceas perennes
— Plantar los geranios de bordillo
— Colorear las hortensias
— Aplicar la cobertura
— Cortar, regar y abonar el césped
— Controlar diariamente las rosas
— Empezar el cultivo de las balsas

PODAR ÁRBOLES Y ARBUSTOS NO FLORECIDOS

Continuaremos, con cortes más pronunciados, con la poda de las especies que terminaron su floración, para rejuvenecerlas y aclararlas. Como siempre, no cortaremos las que después de las flores den bayas.

REGAR

La necesidad de garantizar el suministro apropiado de agua a las plantas, concierne sobre todo a las especies plantadas recientemente y que todavía no han adquirido una autonomía suficiente por estar en la fase de arraigo. Es suficiente, en la mayoría de las zonas, regar abundantemente de vez en cuando y mantener la humedad con la cobertura.

PLANTAR LAS PLANTAS ANUALES DE FLORACIÓN ESTIVAL Y OTOÑAL

Plantaremos las plantitas, procedentes de siembra, o compradas, preferentemente con el cepellón.

Plantar bulbos y tubérculos

Este mes es el último que tenemos para plantar los bulbos y los tubérculos que florecen desde el verano hasta el otoño, tales como las cañas, los lirios y las dalias.

Cortar las herbáceas perennes

Conviene cortar, desde las primeras fases vegetativas, las herbáceas perennes que tengan tendencia a producir tallos largos y torcidos, para conseguir la formación de macollas densas y compactas.

Plantar los geranios de bordillo

Si los geranios de zona están plantados muy cerca el uno del otro, se protegerán del viento y de la intemperie. Los trasplantaremos, con el cepellón intacto, a hoyos o surcos llenos de mantillo universal mezclado con una pequeña cantidad de la propia tierra del jardín. Los geranios plantados en plena tierra soportan mejor que los plantados en maceta la fuerte y prolongada exposición al sol de mediodía.

Colorear las hortensias

Continuaremos aplicando el tratamiento iniciado el mes anterior con los productos especiales que intensifican los colores de las flores. En caso necesario, remediaremos la decoloración con sales de hierro.

Aplicar la cobertura

En los climas más calurosos y en las zonas más soleadas, en particular si el suelo tiende a desaguazar, conviene empezar a cubrir el suelo alrededor de las pequeñas plantas recientemente plantadas.

Cortar, regar y abonar el césped

En este mes, empezamos a cortar regularmente el césped en función de los renuevos. Generalmente, se cortan sólo estos retoños, y se espera para bajar la cuchilla del cortacésped, a que una temperatura más elevada garantice una protección rápida de la superficie. En caso de necesidad, se está siempre a tiempo de realizar los remiendos, trasplantando terrones o sembrando en las zonas abiertas, recubriéndolas con un mantillo ligero.

Controlar diariamente las rosas

Las rosas son plantas muy robustas que sobreviven en las situaciones más difíciles. Sin embargo, no dan los resultados deseados si no se cuidan y alimentan regularmente, sobre todo en este mes, que les ofrece las condiciones óptimas para producir sin cesar. Es necesario regarlas con frecuencia y abonarlas con productos específicos. Quitaremos sistemáticamente las corolas desflorecidas, cortando por debajo de la tercera o cuarta hoja, con el fin de despertar las nuevas yemas floríferas. Eliminaremos, tan pronto como broten, las selváticas. El control de las enfermedades debe ser particularmente eficiente, ya que aparecen muchos rosales espontáneos en las zonas incultas, que sirven de lugar de reproducción y propagación de parásitos: los pulverizaremos con anticriptogámicos de largo alcance y con antiafídidos tan pronto como aparezcan ya que, de lo contrario, serían capaces de afectar a los botones en pocos días.

EMPEZAR EL CULTIVO EN LAS BALSAS

Volveremos a plantar las especies de semiarbustos guardadas durante el invierno, y plantaremos, si es necesario, nuevos ejemplares, siguiendo técnicas distintas en función de si hemos llenado con el agua el estanque o aún no.

Junio

Según el calendario, durante las tres primeras semanas continúa siendo primavera; no obstante, en el sur y a lo largo de la cornisa mediterránea es verano, y ya se cortan los tallos desflorecidos de especies que en otras zonas todavía no han despertado por completo.

Hacia finales de mes, la situación se va equilibrando y la oleada de floraciones invade toda la península.

La magnolia caducifolia, la acacia de Constantinopla y la lila sobresalen en las alturas del jardín, mientras que la glicina, las campanillas, la clemátide, el jazmín y la pasionaria revisten zarzos y emparrados. Este es el momento en que se pueden detectar los posibles defectos en la planificación del jardín: los vacíos en las floraciones, las aproximaciones no acertadas, la falta de setos o de una deseable zona de sombra. Anotémoslo todo inmediatamente y pensemos tranquilamente en los trasplantes y en las compras que debemos hacer con tiempo suficiente.

El jardín requiere una gran dedicación, debido a la convivencia de las especies más diversas en las fases más dispares del ciclo vital: algunas han terminado la floración y ya preparan la nueva, otras están a punto de iniciarla, y otras todavía se encuentran en la delicada fase de desarrollo. El césped, que podemos considerar arreglado, da trabajo con sus continuos renuevos, y las rosas, siempre presentes, requieren también muchos cuidados.

Las herbáceas no dejan ni un momento de descanso. Si no se riegan bien, ganan suelo las que son de secano; pero, si mantenemos el suelo fresco y abonado, otras plantas se aprovecharán de la situación favorable.

Todas las plantas tienen sed. El sol está alto y es a nosotros a quienes corresponde, si no llueve, equilibrar los efectos deshidratantes. Recordemos que los horarios para el riego son, a partir de ahora, los estivales.

Agenda del mes

— Podar árboles y arbustos desflorados
— Regar
— Extraer y colocar nuevamente los bulbos
— Abonar
— Trasplantar las herbáceas de floración otoñal
— Eliminar las malas hierbas
— Sustituir la cobertura
— Cortar, airear y abonar el césped
— Cortar las plantas trepadoras
— Aclarar y trasplantar los rizomas

— Podar las rosas no reflorecientes
— Recoger las semillas
— Controlar la dimensión de los setos
— Cortar por la base las tapizantes desfloradas
— Practicar esquejes, acodos y estacas
— Escardar el suelo
— Mantener el nivel en las balsas

PODAR ÁRBOLES Y ARBUSTOS DESFLORADOS

Cuando no se quitan los tallos a medida que van desflorando, hay que podar al final de la floración. La poda no se debe aplazar demasiado, para dar tiempo a las plantas a producir nuevas ramas con flores, que crecerán durante la primavera siguiente.Lógicamente, no cortaremos las especies cultivadas que produzcan bayas.

REGAR

En junio se empieza a regar regularmente todo el jardín: por la mañana temprano, y después de la puesta de sol. En particular, sufren de carencia de agua las plantas que están en plena actividad vegetativa, las de trasplante en primavera de raíz desnuda y todas las herbáceas de raíz superficial.

EXTRAER Y COLOCAR NUEVAMENTE LOS BULBOS

Si las hojas de las especies que terminaron de florecer no se han marchitado del todo, el arranque se puede hacer igualmente: extraeremos los bulbos con el cepellón y los colocaremos en cajas para completar el ciclo.

Abonar

Después de haber elegido el producto adecuado en función de la fase vegetativa y del efecto deseado, todas las especies deberán recibir el abono en dosis pequeñas y frecuentes.

Trasplantar las herbáceas de floración otoñal

Trasplantaremos, con el cepellón, las especies anuales, vivas o perennes, de floración tardía; mantendremos el suelo húmedo y umbrío durante algunos días.

Eliminar las malas hierbas

Es necesario controlar diariamente las malas hierbas de cualquier tipo, ya que rebrotan, florecen y producen semillas en poquísimo tiempo.

Sustituir la cobertura

La capa de cobertura que habíamos colocado como protección del frío, incorporada a continuación con las labores de primavera, es nuevamente muy útil en verano, puesto que disminuye la evaporación del suelo —lo que nos ahorra agua y tiempo de riego— y mantiene aireado y libre de hierbas el suelo alrededor de los tallos.

Para la cobertura de plantas acidófilas, tales como la hortensia, la azalea, el rododendro y la camelia, recordemos que es necesario emplear tierra de castaño o de brezo.

Cortar, airear y abonar el césped

En junio, se debe regar y abonar el césped con la debida frecuencia. Necesita un corte bastante apurado, incluso semanal, para evitar que amarilleen las gramíneas, y para eliminar las malas hierbas, lo que impide su floración. En los suelos que desaguazan muy expuestos al sol, después de cada corte, pasaremos el aireador, o bien trabajaremos con el horcón, para que penetren bien el agua y los abonos en el césped. Recomendamos los fertilizantes solubles o líquidos, especiales para el césped. En caso de que topos, ratones de campo u hormigas hayan creado vacíos, tras haberlos eliminado, restableceremos las condiciones del suelo y trasplantaremos los terrones.

Cortar las plantas trepadoras

Cortaremos enérgicamente los sarmientos herbáceos producidos por algunas plantas trepadoras, como la glicina en particular, de manera que se formen, en la porción sobrante, yemas de flor más grandes y más próximas. Así, al año siguiente, se obtendrá una floración más bonita y compacta.

Aclarar y trasplantar los rizomas

Tan pronto como hayan acabado de florecer, dividiremos y trasplantaremos inmediatamente los rizomas de especies como el iris, ya que si no lo hiciéramos se ahogarían los unos a los otros. Generalmente, se aconseja realizar esta operación cada tres años. Sin embargo, con condiciones particularmente favorables (suelo calcáreo y sol abundante), sería oportuno realizarla cada año.

Como las hojas de estas especies, después de la floración, no son estéticamente agradables, puede no seguirse la regla del corte, una vez que estén secas: se podrá intervenir cuando empiecen a ponerse amarillas, ya que no se perjudicará visiblemente la calidad de las floraciones siguientes.

PODAR LAS ROSAS NO REFLORECIENTES

Es necesario ayudar a las variedades que estén agotando su floración cortando las ramas que les crecieron, dejándolas con 5 cm de largo a partir del punto de inserción con el tallo principal. Los nuevos vástagos, a medida que vayan brotando, se deberán ir fijando a los zarzos, abriéndolos en abanico para tener al año siguiente flores más bonitas, más numerosas y mejor distribuidas.

En la variedad refloreciente, en vez de cortar las flores como de costumbre, debajo de la tercera o cuarta hoja, se pueden efectuar cortes más largos, acortando considerablemente los sarmientos sin flores. De esta manera, se reduce el desarrollo vegetativo —recordemos los efectos de la poda verde— y se estimula una abundante producción de yemas de flor.

RECOGER LAS SEMILLAS

Tan pronto como den señales de marchitarse, conservaremos en una bolsita de tela las flores de las que deseemos conservar las semillas. Escribiremos en la bolsita el nombre de la especie de que se trate.

Controlar la dimensión de los setos

Cortaremos los setos de caducifolias y especies perennes, para reducir su crecimiento. No se tocarán los de floración actual, o los que produzcan bayas más adelante.

Cortar por la base las tapizantes desfloradas

Son muchas las especies que concluyeron ya su floración. Para favorecer el crecimiento de nueva vegetación compacta, las cortaremos por la base y las abonaremos, después de remover el suelo con la horca.

Practicar esquejes, acodos y estacas

Se obtienen buenos resultados con la reproducción vegetativa realizada usando los nuevos brotes semileñosos.

Escardar el suelo

Practicaremos escardaduras suaves sobre la vegetación activa para prevenir la formación de corteza superficial, y para arrancar la mala hierba.

Mantener el nivel en las balsas

Si el estanque no está equipado con un dispositivo de goteo, es necesario mantener constante la profundidad del agua, pues, de lo contrario, podría calentarse en exceso.

El verano (julio, agosto, septiembre)

TEMPERATURA MEDIA MENSUAL Y ESTACIONAL

Estaciones meteorológicas	Julio	Agosto	Septiembre	Media de verano
Alicante	25,5	26	23,7	25,1
Almería	24,7	25,3	23,4	24,5
Ávila	20	19,8	16,3	18,7
Barcelona	24,3	24,3	21,9	23,5
Bilbao	19,5	19,7	18,4	19,2
Cádiz	24,2	24,9	23,1	24,1
Castellón	24,3	24,7	26,9	25,3
Gerona	23,6	23,3	20,9	22,6
Granada	25,5	25,1	21,5	24
Guadalajara	24,3	23,6	19,8	22,6
Huelva	25,1	25,2	23,1	24,5
Jaén	27,7	27,3	23,4	26,2
Lanzarote	23,1	26,8	23,5	25,1

TEMPERATURA MEDIA MENSUAL Y ESTACIONAL

Estaciones meteorológicas	Julio	Agosto	Septiembre	Media de verano
Las Palmas	22,9	28,3	23,3	24,8
Lérida	24,8	24,6	21,6	23,6
Madrid	25,2	24,2	20,7	23,4
Mahón	24,1	24,5	22,5	23,7
Málaga	24,9	25,4	23	24,4
Montseny	14,8	14,2	11,8	13,6
Navacerrada	16,3	15,8	12,4	14,8
Orense	21,7	19,9	17,7	19,8
Oviedo	17,8	18,4	16,9	17,7
Palma de Mallorca	24	24,5	22,6	23,7
Pontevedra	20,2	20,5	18,2	19,6
Sevilla	26,3	26,4	23,7	25,5
Soria	19,6	19,5	16,4	18,5
Santa Cruz de Tenerife	24,3	28,8	24,1	25,7
Tortosa	24,9	25,1	22,6	24,2
Valencia	23,9	24,5	22,4	23,6
Valladolid	21,0	20,8	17,9	19,9
Vitoria	18,9	19,3	17,2	18,4
Zaragoza	22,8	23,5	20,6	22,3

Precipitación mensual y estacional (en mm)

Estaciones meteorológicas	Julio	Agosto	Septiembre	Media de verano
Alicante	4	14	47	15
Almería	0	5	12	5
Ávila	11	16	32	19
Barcelona	30	55	82	55
Bilbao	47	63	131	80
Cádiz	1	4	25	10
Castellón	14	18	61	31
Gerona	45	61	92	66
Granada	3	6	20	9
Guadalajara	10	10	30	16
Huelva	1	1	19	7
Jaén	5	5	29	13
Lanzarote	0	2	5	2
Las Palmas	1	0	5	2
Lérida	23	39	35	32
Madrid	11	14	31	18
Mahón	4	22	34	20
Málaga	2	8	36	15
Montseny	49	87	104	80
Navacerrada	25	28	76	43
Orense	10	21	37	22
Oviedo	44	40	75	53

Precipitación mensual y estacional (en mm)

Estaciones meteorológicas	Julio	Agosto	Septiembre	Media de verano
Palma de Mallorca	4	33	56	31
Pontevedra	40	42	82	54
Sevilla	1	6	25	10
Soria	32	31	49	37
Santa Cruz de Tenerife	0	0	3	1
Tortosa	24	36	84	48
Valencia	8	26	54	21
Valladolid	14	15	27	18
Vitoria	33	44	64	47
Zaragoza	18	15	31	21

Curso del sol y duración del día en julio

Día	El sol sale a las	El sol se pone a las	El día dura
1	4 h 48 min	19 h 49 min	15 h 01 min
10	4 h 53 min	19 h 47 min	14 h 54 min
20	5 h 01 min	19 h 41 min	14 h 40 min
30	5 h 10 min	19 h 32 min	14 h 22 min

El día disminuye en julio 39 minutos.

CURSO DEL SOL Y DURACIÓN DEL DÍA EN AGOSTO

Día	El sol sale a las	El sol se pone a las	El día dura
1	5 h 12 min	19 h 30 min	14 h 18 min
10	5 h 20 min	19 h 20 min	14 h 00 min
20	5 h 30 min	19 h 06 min	13 h 30 min
30	5 h 40 min	18 h 51 min	13 h 11 min
El día disminuye en agosto 1 hora y 7 minutos.			

CURSO DEL SOL Y DURACIÓN DEL DÍA EN SEPTIEMBRE

Día	El sol sale a las	El sol se pone a las	El día dura
1	5 h 42 min	18 h 47 min	13 h 05 min
10	5 h 50 min	18 h 33 min	12 h 43 min
20	6 h 00 min	18 h 17 min	12 h 17 min
30	6 h 08 min	18 h 00 min	11 h 51 min
El día disminuye en septiembre 1 hora y 14 minutos.			

El día disminuye en el transcurso del verano alrededor de tres horas.

Julio

El jardín ya está crecido, rebosante… y sediento.

Las precipitaciones, durante este mes, son las más bajas del año y las temperaturas alcanzan niveles máximos. La sequía y el calor estival quedan, en algunas zonas, suavizadas en parte por las tormentas, que desgraciadamente suelen traer también granizo. Las lluvias repentinas y violentas dejan, de todas formas, el suelo seco, ya que se deslizan o se evaporan, con lo que la superficie queda compacta.

Es en este periodo cuando se hace sentir la necesidad de disponer de un sistema de riego capaz de llegar a todos los rincones del jardín.

De todas formas, sería conveniente que el sistema fuera automático, porque nos ahorraríamos tener que correr por todas partes, con la manguera en la mano, antes de que el sol caliente demasiado, o antes de que caiga la noche.

También economizaríamos agua, puesto que una gran cantidad del líquido elemento se queda en la superficie y se pierde antes de que las plantas lo puedan utilizar. Por todo ello, sería necesario adoptar una instalación de riego por goteo o, incluso, con un suministro gradual, según las condiciones del suelo y de las exigencias de la vegetación.

De todos modos, quien haya sabido diseñar correctamente el jardín, colocar todas las plantas de manera que se protejan la una a la otra, mejorar el suelo y mantener con eficiencia las coberturas, no debería tener demasiados problemas.

Sin embargo, que una planta regada abundantemente por la mañana dé señales de sufrimiento ya a mediodía, significa que, o bien la exposición no es la idónea, o bien el suelo no retiene el agua lo suficiente. No habrá más remedio que esperar al periodo oportuno para arreglarlo.

El mantenimiento de todas las plantas que florecen (espireas, hemerocalas e iris) debe ser frecuente.

Julio es el mes de las hortensias que, si se han plantado en el lugar que mejor les conviene (es decir, en la tierra ligera y fresca debajo de los árboles altos, que atenúan con su follaje el calor del sol), producen, con brotes continuos, las grandes inflorescencias que conservan frescas durante mucho tiempo.

Agenda del mes

— Podar árboles y arbustos desflorados
— Regar
— Sembrar las plantas bienales
— Extraer, dividir y plantar bulbos, tubérculos y rizomas
— Abonar
— Cortar y sembrar las herbáceas perennes
— Descargar los geranios
— Eliminar las malas hierbas
— Cubrir el suelo
— Mantener el césped
— Podar y cuidar las rosas
— Arreglar los setos
— Practicar esquejes, acodos y estacas
— Cuidar del mantenimiento de las balsas

PODAR ÁRBOLES Y ARBUSTOS DESFLORADOS

Podaremos las especies que concluyeron la floración, aprovechando la ocasión, si fuese necesario, para reequilibrar la copa.

Eliminaremos habitualmente las puntas marchitas de los arbustos que sigan floreciendo.

Regar

Los riegos, efectuados por la mañana, muy temprano, o por la tarde, deben ser diarios para las plantas anuales y para todas las demás plantas de raíz superficial. En los suelos expuestos a una prolongada exposición al sol, también los árboles suelen resentirse de ello; para remediarlo, clavaremos debajo del tronco unos dispositivos especiales para que el agua consiga alcanzar las raíces profundas.

Sembrar las plantas bianuales

En las zonas de verano corto, es preferible empezar a sembrar las especies bianuales, de manera que tengan tiempo para formar un buen aparato radical antes del invierno.

Extraer, dividir, plantar bulbos, tubérculos y rizomas

Extraeremos los bulbos desflorados y plantaremos las especies de floración anual.

Dividiremos, replantándolos enseguida, los últimos iris, regando a continuación sólo los plantados recientemente.

Abonar

Con un abonado regular, se mantiene y estimula, tanto la actividad vegetativa como la floración de muchas especies que están en plena actividad desde hace varias semanas.

CORTAR Y SEMBRAR LAS HERBÁCEAS PERENNES

Cortaremos, en algunos casos repetidamente, las especies que estén en floración y las que la darán en otoño, para favorecer, en el primer caso, el cambio de las yemas y para obtener, en el segundo, macollas con tallos robustos.

DESCARGAR LOS GERANIOS

Eliminaremos en todas las variedades las ramificaciones ajadas que se hayan desarrollado en el interior de la copa, y acortaremos las más largas que ya hayan florecido abundantemente. Esta operación se hace necesaria, sobre todo para los geranios hiedra y para los «de París», que en este periodo tienden a florecer en la extremidad de sarmientos alargados y delgados, debilitándose en la base.

ELIMINAR LAS MALAS HIERBAS

Las malas hierbas vuelven a brotar con insistencia, tanto desde las semillas como desde las raíces aún no totalmente extirpadas. Una labor llevada a cabo con precisión durante este periodo da buenos resultados a largo plazo.

CUBRIR EL TERRENO

Adoptar la cobertura y sustituirla frecuentemente equivale a ahorrar agua y tiempo en el riego, lo que evita la alteración continua de condiciones de humedad y de sequedad alrededor de las raíces.

Mantener el césped

El césped ya va disminuyendo de manera evidente su ritmo vegetativo que, de todas formas, es necesario mantener al máximo con riegos abundantes y diarios y con frecuentes abonos de estímulo. El corte deberá dejar el césped un poco más alto con respecto al mes anterior, pero siempre de forma que impida la floración de las malas hierbas y la maduración de las espigas de las gramíneas que amarilleen.

Pasaremos de vez en cuando la laya, en las zonas del césped más transitadas, antes de regar.

Podar y cuidar las rosas

Rejuveneceremos los rosales que hayan finalizado su floración en junio, cortando por la base las ramas viejas, de madera oscura, y dejando tanto las ramas del año anterior como las nuevas. Acortaremos inmediatamente en una tercera parte las ramas desfloradas de los rosales reflorecientes. Un sistema que permite tener una floración continua es la programación y la rotación de los cortes, intentando desde el principio que algunos florezcan y otros no. Aplicaremos regularmente los tratamientos contra todo tipo de parásitos.

Arreglar los setos

Continuaremos recortando los crecimientos de los setos, sobre todo los de perfil geométrico. Realizaremos esta operación dentro del mes, ya que, de no ser así, las nuevas ramas no tendrían tiempo suficiente para lignificar antes del invierno, lo que podría entrañar graves riesgos en caso de presentarse hielo.

Es el periodo apropiado para ajustar y arreglar los setos dentro de los límites establecidos: si han crecido en altura y se han vaciado en el interior y en la parte inferior, cortaremos enérgicamente, aunque los resultados no sean del todo estéticos. Los riegos y los abonos de estímulo permitirán una rápida recuperación vegetativa.

PRACTICAR ESQUEJES, ACODOS Y ESTACAS

Los esquejes realizados con porciones semileñosas, o incluso con herbáceas de arbustos de flor, y también de plantas trepadoras, dan buenos resultados en este periodo. Los acodos, siempre sobre ramas semileñosas, deberán controlarse constantemente en cuanto a la humedad.

Las estacas, cuando el mantillo se haya acumulado en la base de las matas, se realizarán de manera espontánea con la hortensia, la azalea, el evónimo, etc.

CUIDAR DEL MANTENIMIENTO DE LAS BALSAS

Eliminaremos sistemáticamente los tallos desflorados, que en este periodo aparecen siempre con más frecuencia, para evitar que se marchiten en el agua.

Agosto

Las lluvias durante este mes, aunque de corta duración, tienen un efecto que no desaparece tan rápidamente como ocurría en las semanas pasadas, debido no tanto a un descenso real de la temperatura, en particular durante la noche, como a un acortamiento del día, fenómeno que repercute sobre las plantas, que disminuyen su ritmo vegetativo.

Basta con mirar a nuestro alrededor, a los bosques, a los prados, a los suelos sin cultivar, para apreciar que el mundo vegetal está en la fase descendente de la curva de su ciclo biológico: vemos más flores de semilla al lado de las primeras bayas coloradas, y menos el verde suave de los brotes; también las hojas han cambiado perceptiblemente de consistencia y de color, y se han «envejecido». Regar, abonar, quitar las puntas desflorecidas, son las labores que nos corresponde llevar a cabo en agosto si queremos prolongar la juventud del jardín.

Las plantas, agotadas y emperezadas tras el arduo trabajo de varios meses, son capaces, no obstante, de reaccionar a los estímulos y de aprovechar las condiciones favorables para superar el momento crítico, manteniéndose «en forma» y recobrando las fuerzas necesarias para producir follaje y flores durante mucho tiempo todavía.

No resulta fácil ni leve la tarea del jardinero en agosto, ya que debe nuevamente dedicarse a la multiplicación de diversas especies, a la plantación de bulbos y, en los climas de verano corto, también a las grandes labores de preparación del suelo para los futuros cultivos.

Las plantas que más presencia tienen en el jardín durante este mes, junto con los hibiscos y las hortensias, son las anuales de todo tipo y color, las dalias, los geranios, y todas las plantas que requieren un cuidado diario.

Agenda del mes

— Podar árboles y arbustos desflorados
— Regar
— Plantar bulbos de floración precoz
— Dividir y trasplantar las herbáceas perennes y vivaces
— Rejuvenecer las hortensias
— Sustituir la cobertura
— Airear, irrigar y cortar el césped
— Cortar las trepadoras perennes
— Podar y cuidar las rosas
— Arreglar los setos
— Practicar esquejes
— Preparar el suelo para las plantaciones
— Limpiar las balsas de residuos vegetales

Podar árboles y arbustos desflorados

A la vez que eliminamos los tallos ajados, arreglaremos la copa de las plantas y las rejuveneceremos cortando las ramas demasiado lignificadas y oscuras.

Regar

Volvemos a recordar que se debe regar temprano por la mañana o bien después de la puesta de sol. Sin embargo, en las zonas muy expuestas al sol, el suelo tarda bastante en enfriarse, por lo que, si no se dispone de instalación por goteo, o bien subterránea, puede ser peligroso regar por aspersión. Es preferible que el suelo absorba el agua muy lentamente: dejaremos abierto al mínimo el grifo de la manguera, y colocaremos, durante algunos minutos, el extremo del tubo al pie de cada planta; mientras tanto, podemos dedicarnos a efectuar otras labores.

Plantar bulbos de floración precoz

En las zonas de verano corto, se puede empezar a plantar los bulbos que florecen de Navidad en adelante.

Dividir y trasplantar las herbáceas perennes y vivaces

Dividiremos dentro del mes, las especies de este grupo que florezcan a finales de invierno o en primavera, y las replantaremos en un suelo bien acondicionado.

Rejuvenecer las hortensias

Las hortensias, todavía en plena floración, ahora han formado una abundante ramificación. Las rejuveneceremos eliminando por la base los sarmientos que ya hayan florecido y los más internos y débiles, con el fin de airear y dar luz a la vegetación interna, así como favorecer la formación de nuevas yemas.

Sustituir la cobertura

Mantendremos activa la capa de cobertura al pie de las plantas que por la tarde acusen, en el estado del follaje, un cierto grado de deshidratación.

Durante este mes, el césped da síntomas de envejecimiento, sobre todo si no ha sido sometido regularmente a las distintas operaciones de mantenimiento.

En estos casos, a menudo el agua de los riegos no se absorbe, sino que queda retenida en el tupido enredo de la hierba, lo que obliga a las raíces a salir a la superficie en busca de humedad; el césped, poco a poco, se levanta del suelo y acaba por secarse.

Si eso ocurre, habrá que airear en un espesor de 20 cm, por lo menos, para permitir que el agua penetre en el suelo y que las raíces vuelvan nuevamente a enterrarse.

El corte no debe ser demasiado bajo para no exponer excesivamente la superficie al calor estival.

No resulta bueno dejar la hierba cortada como capa de cobertura contra la evaporación, ya que su descomposición se hace a expensas del nitrógeno del suelo y, en caso de lluvia prolongada, el césped de debajo puede ponerse amarillo.

CORTAR LAS TREPADORAS PERENNES

Cortaremos la vegetación de las plantas trepadoras (hiedra, madreselva, jazmín, etc.), para contenerla y evitar el vaciado de las partes más internas.

PODAR Y CUIDAR LAS ROSAS

Las rosas se encuentran en un periodo de descanso, incluidas las reflorecientes y las *Poliantha*, que volverán a florecer en septiembre, para continuar así hasta la aparición de las heladas.

Arreglaremos las matas de las no reflorecientes, acortando y aclarando la vegetación desordenada. Mantendremos todas las variedades, regándolas y abonándolas con moderación, y aplicaremos los anticriptogámicos y anticafídidos.

Es frecuente que broten, naciendo de las raíces y debajo del punto de injerto, malas hierbas, que se deben arrancar inmediatamente.

Arreglar los setos

Arreglaremos los setos, recordando que este es el último periodo de la época veraniega para obtener buenos resultados.

Practicar esquejes

Mediante esta técnica se pueden reproducir, en este mes, numerosos arbustos de flor y perennes, tales como la hortensia, la fucsia, el rododendro, el cotoneaster, el boj, la mahonia, etc.

Preparar el suelo para las plantaciones

Empezaremos, a ser posible, las labores para las plantaciones otoñales hacia final de mes. Los hoyos pueden llenarse, temporalmente, con mantillo preparado y abonado, sin comprimir.

El desarrollo de las plantas acuáticas debe seguirse con frecuencia, sobre todo si el estanque es de dimensiones reducidas, para evitar una acumulación excesiva de ejemplares. Es necesario limpiar y recoger sistemáticamente las flores y hojas marchitas, para evitar que floten y se pudran, y favorezcan así la aparición de enfermedades, privando de luz y oxígeno al resto del estanque, o bien que reduzcan su profundidad sedimentándose en el fondo.

Septiembre

En septiembre todavía es verano en muchos lugares; el jardín está estupendo, lleno de verdor y de flores, si bien más tranquilo y sosegado.

Las noches son ya más frescas y las mañanas se cubren de rocío, ocultas por las primeras neblinas; ello parece no afectar a las plantas que, bien al contrario, tras un periodo de agotamiento, adquieren una nueva frescura y vigor, y se preparan para la recta final.

Las rosas reflorecientes y las *Poliantha* florecen como si lo hicieran por primera vez, y las numerosas especies anuales, como las zinnias, los asteres, los tagetes, las gerberas, las caléndulas, si se las ayuda, prosiguen con su función ornamental durante todo el mes de octubre, e incluso más adelante si el tiempo es favorable.

Es necesario, y para ello la experiencia es fundamental, saber comprender las exigencias de las distintas especies, favoreciendo en cada caso las condiciones de reposo o de trabajo, limitándose a mantenerlas en buen estado en el primer caso, y a proporcionarles riegos regulares y abonos de efecto rápido, en el segundo.

Algunas plantas reaccionan ante el corte de las flores secas aumentando el número de sus yemas; otras, en cambio, únicamente se mantienen verdes todavía durante algún tiempo, a la espera de ser sustituidas por nuevas plantaciones.

La limpieza frecuente de todas las plantas es indispensable, no sólo para mantener el jardín en orden, sino también para retrasar las señales de decadencia, esto es, para prolongar su juventud. A pesar del aspecto vivo de la vegetación, estamos desgraciadamente en el periodo que podríamos denominar «post-verano», y que concluye «el año del jardín».

Nuevamente es la época de las grandes labores, algunas de las cuales deberán llevarse a cabo dentro del mes en las zonas con clima continental, donde el paso de un septiembre veraniego a un octubre invernal puede ser brusco e inesperado, lo que obligaría a aplazar algunos meses el programa de los cultivos, en particular de las especies que requieren un poco de calor para arraigar antes del frío.

Agenda del mes

— Sembrar las plantas anuales
— Plantar los bulbos de floración precoz
— Cortar y dividir las herbáceas perennes
— Descargar y abonar los geranios
— Cortar, airear y plantar el césped
— Regar, abonar y cuidar las rosas
— Podar los setos
— Practicar esquejes

— Aclarar y abonar las plantas tapizantes
— Preparar el suelo para las plantaciones

SEMBRAR LAS PLANTAS ANUALES

Algunas plantas anuales muy resistentes, como la caléndula, pueden plantarse directamente, protegiéndolas con una cobertura abundante. Otras es preferible plantarlas en bandejas, que se entierran en el semillero, cerrado con un túnel o con cristales.

PLANTAR LOS BULBOS DE FLORACIÓN PRECOZ

En particular en las zonas de verano corto, plantaremos los bulbos de las especies que florezcan de Navidad en adelante, junto con los demás, que habrá que dejar en el terreno para un cultivo espontáneo.

CORTAR Y DIVIDIR LAS HERBÁCEAS PERENNES

Quitaremos regularmente los tallos marchitos con un corte no demasiado bajo, para permitir una floración suplementaria. Dividiremos las perennes y las replantaremos manteniendo el suelo bien húmedo, dentro del mes.

DESCARGAR Y ABONAR LOS GERANIOS

Se favorecerá la resistencia del soporte de las plantas, ya bien aprovechadas, eliminando los pequeños tallos débiles, quitando las flores tan pronto como den señales de marchitamiento y fertilizando con un producto especial, no estimulante, pero rico en fósforo y potasio.

CORTAR, AIREAR Y PLANTAR EL CÉSPED

Los síntomas de disminución de la actividad vegetativa son evidentes en el césped que ya no requiere riegos frecuentes; sin embargo, continuaremos aplicando el abono junto con los riegos. Cortaremos el césped cuando lo necesite, pero apurando un par de centímetros más con respecto al corte anterior. A menudo, la creciente humedad nocturna, acompañada de temperaturas relativamente suaves, provoca el desarrollo de mohos, que deben eliminarse, sobre todo aireando el césped.

En las regiones con invierno suave y húmedo, plantaremos, en la segunda quincena del mes, el césped nuevo; también es el momento indicado para realizar los remiendos y la sobresiembra.

REGAR, ABONAR Y CUIDAR LAS ROSAS

Mantendremos las rosas, que están nuevamente en plena floración, con riegos diarios y abonos frecuentes, para evitar que entren agotadas en el invierno.

La temperatura y la humedad favorecen las criptógamas, en particular el moho blanco; mientras tanto, los afídidos siguen infestando los botones florales. Por consiguiente, aplicaremos los tratamientos antiparasitarios de forma regular.

Podar los setos

Arreglaremos los setos caducifolios según un perfil geométrico; hacia finales de mes, arreglaremos también los perennes.

Practicar esquejes

Se reproducen bien por esqueje, utilizando las ramas de un año lignificadas, las especies perennes, como la aucuba, el boj y el ligustro, así como otros caducifolios, como la forsythia y la lila.

Conservaremos en un lugar protegido las cajas que contengan el material que queramos plantar y las especies de arbustos.

Aclarar y abonar las plantas tapizantes

Dentro de este mes, es preferible aclarar y abonar las plantas tapizantes, de manera que tengan tiempo para robustecerse, por lo que les proporcionaremos luz y espacio suficiente para que puedan distribuirse de manera equilibrada. Las plantas perennes se pueden plantar enseguida, mientras que para las caducifolias aún es demasiado pronto.

Preparar el suelo para las plantaciones

Son muchas las especies que habrá que plantar el mes próximo; por lo tanto, es necesario preparar el suelo con antelación suficiente, layándolo, limpiándolo de los residuos y abonándolo. Cavaremos los hoyos destinados a los árboles y arbustos, trincheras para los setos, y mejoraremos con mantillo orgánico los espacios destinados a las plantitas.

SEGUNDA PARTE

NORMAS TÉCNICAS

Suelos, mantillos, tierras especiales

Tierra de jardín

Por tierra de jardín se entiende, en la práctica, la que posee una serie de características, relativas a la estructura física, a la composición química y a la reacción, propias de los suelos llamados «semiduros», que resultan adecuados a cualquier cultivo y que pueden ser modificados con poco esfuerzo para satisfacer las exigencias particulares de algunas especies.

Únicamente se puede obtener una evaluación exacta de la calidad del suelo de laboratorios especializados, que facilitan además las indicaciones necesarias para eventuales modificaciones. Sin embargo, hoy en día existen en el mercado instrumentos sencillos para efectuar ese análisis, que son particularmente útiles para el *pH*, es decir, la *reacción*, que depende de la relación entre sustancias alcalinas y ácidas.

Hay una escala de valores que va de 0 a 14, donde la reacción neutra corresponde a pH 7, mientras que por debajo de este límite, o por encima de él, se tiene una reacción ácida o alcalina, respectivamente.

Las plantas ornamentales, generalmente, prefieren un pH neutro o ligeramente alcalino, pero las especies llamadas «calcífugas» o «acidófilas», como el rododendro, la azalea, la camelia y la hortensia, dan resultados sorprendentes si se cultivan en un suelo que tienda a ser ácido.

Tienen un efecto correctivo sobre la acidez, la caliza, la cal viva, la cianamida de calcio y, en general, los abonos ricos en calcio; en cambio, corrigen la alcalinidad el yeso agrícola, el sulfato amónico y las tierras especiales tales como la de castaño y la de brezo.

El *humus* es el componente orgánico del suelo, y deriva de la composición de residuos vegetales y animales que se acumulan espontáneamente con el tiempo, o que bien proceden de los abonos de estiércol, con los mantillos (o compuestos). El *humus* es un material marrón, ligero, permeable, que, a medida que se va descomponiendo, suministra a las plantas elementos nutritivos indispensables, directamente asimilables, y representa un precioso regulador del nivel de agua del suelo, ya que mantiene una humedad correcta sin provocar encharcamientos.

En la práctica, resulta bastante fácil determinar la calidad del suelo: a las características físicas, es decir, de estructura y de color, les corresponden, por aproximación, determinadas características químicas. La distinción más sencilla, a efecto práctico, es la que damos a continuación.

Suelo suelto

Tiene un color grisáceo, ya que está compuesto, sobre todo, de un material de tipo arenoso, de grano medio y fino. Es bastante inconsistente (se escurre de entre los

dedos cuando está seco), permeable y no conserva suficientemente la humedad; está sujeto a lavados y, por
consiguiente, no retiene los elementos fertilizantes.

Suelo duro

Tiene un color rojizo u oliváceo, y se compone esencial-
mente de material arcilloso, de grano fino o finísimo. Es
compacto y moldeable (se puede amasar cuando está
empapado); retiene el agua, lo que provoca encharcamientos, y forma una corteza superficial cuando se seca,
lo que origina la asfixia de las raíces y la microflora.

Suelo semiduro

Tiene un color marrón y contiene, en cantidades equili-
bradas, los distintos constituyentes. Está compuesto de
grumos blandos (no se escurre cuando está seco y no se
empasta cuando está mojado), retiene el agua en la medida adecuada y garantiza una buena reserva de fertilidad, manteniendo los principios nutritivos, que son su-
ministrados gradualmente a las plantas gracias al trabajo
de la microflora útil, que encuentra un medio favorable
para la multiplicación.

Mantillos

Con este nombre se señalan los sustratos obtenidos tras haber sometido la tierra de jardín a determinadas modificaciones de estructura y de composición, con el fin de adap-

tarla a las necesidades de las plantas en las distintas fases vitales y a las exigencias particulares de algunas especies.

Mantillo universal o polivalente

Lo producen empresas especializadas y se adecua, tanto por la composición química como por la estructura, a las necesidades de la mayoría de las plantas ornamentales; contiene materiales orgánicos y dosis convenientes de fertilizantes. Además, está esterilizado y, por lo tanto, libre de agentes responsables de enfermedades y de semillas de malas hierbas.

El uso de este mantillo, por razones prácticas y económicas, debe limitarse a los cultivos en maceta o a la sustitución parcial de la tierra destinada al relleno de un hoyo.

Mantillo de siembra

Es también un sustrato de tipo polivalente, pero que ha sido estudiado especialmente para favorecer la germinación y el desarrollo rápido de las plantitas en las primeras fases. Su estructura es más fina que la del anterior, y contiene fertilizantes de efecto rápido.

Preparación del mantillo

La preparación del mantillo en el jardín es una operación sencilla y muy útil.

En un hoyo cavado en el suelo, forrado con una gruesa hoja de polietileno y protegido por una cobertura, se van estratificando distintos materiales orgánicos: hojas, maleza, residuos de cocina, basuras —previa eliminación de los residuos no degradables—, excrementos de animales de corral, etc. A falta de estos últimos elementos, emplearemos estiércol o gallinaza desecados, que se pueden adquirir en el mercado.

Después de cada capa de 20 cm aproximadamente, espolvorearemos con un abono químico de efecto lento, como el perfosfato, para enriquecer el producto final. También se puede repartir cianamida de calcio —por su alcalinidad, como hemos visto antes— para obtener una buena esterilización y, en particular, para eliminar las larvas.

Los *bioactivadores*, productos obtenidos a partir de cultivos microbianos, son particularmente útiles, ya que promueven y aceleran la transformación del material ordinario en *humus*.

Es necesario mantener una humedad moderada y, por lo tanto, si es necesario, regaremos cada capa y la cubriremos con una hoja de polietileno, que retiene el calor producido por las fermentaciones, acelerándolas al mismo tiempo.

Existen en el mercado contenedores para la preparación del *compost*, que simplifican la acumulación de los residuos y su utilización a medida que se van descomponiendo. Sin embargo, el mantillo de la capa más inferior tiene siempre características distintas, en función de la naturaleza de los materiales estratificados. De vez en cuando, se debe invertir y mezclar el material de la zanja con el horcón, para obtener un mantillo de composición bastante uniforme.

La maduración requiere un periodo de tiempo que variará de forma considerable en función de la temperatura ambiental. Los residuos de grandes dimensiones, si se trituran mediante los instrumentos especiales, facilitarán y activarán la descomposición.

Contenedor para compost

El mantillo compuesto únicamente de residuos vegetales y enriquecido con abonos orgánicos y materiales, constituye un auténtico fertilizante, que se emplea para los abonos con efecto rápido en los lechos de siembra, para el césped, al pie de las plantas, etc., y también para los suelos compactos y sueltos. En cambio, si los materiales han sido estratificados con tierra, el producto obtenido constituye un verdadero sustrato de cultivo.

Tierras especiales

Algunas especies de plantas requieren este tipo de tierras junto con el mantillo común; es fácil encontrarlas en los bosques o en los campos.

Tierra de bosque

Es un sustrato para muchos usos, que se obtiene recogiendo al pie de las plantas el follaje descompuesto, junto con un poco de tierra, evitando cavar en profundidad, ya que la descomposición demasiado extrema es pobre en ligereza y fertilidad. Puede considerarse un auténtico *humus*, dado que contiene también residuos animales.

Tierra de hojas

Se prepara acumulando las hojas en un lugar sombreado y protegido de la lluvia. Se deberá regar con moderación y mezclar a menudo para favorecer el desmenuzamiento y la descomposición, que las transformará en un material homogéneo, ligero y permeable, que se emplea tal cual o mezclado con mantillo, para preparar los lechos de siembra; su composición, y sobre todo su pH, dependen de la calidad de las hojas.

Tierra de castaño

Se recoge en la hojarasca o en las cepas viejas de los castaños. Es un material poroso, de color marronáceo o rojizo, de carácter ácido. Tiene unas estructura más o menos fina, en función del estado de descomposición, y suele contener gruesos fragmentos de madera. Es especialmente idóneo para plantas «calcífugas».

Tierra de brezo

Se obtiene dejando apilados durante algún tiempo grandes terrones de suelo extraídos con todas las raíces del brezo, que es un arbusto típico de los eriales.

Desmenuzados, desecados y tamizados, estos terrones se transforman en un material muy ligero y poroso, que se emplea como sustituto de la tierra de castaño para el cultivo de las plantas «acidófilas»; no obstante, requiere un enriquecimiento mineral por ser de escasa fertilidad.

Turba

Forma parte de los mantillos porque es un mineral natural, que se encuentra en algunos lugares, y que procede de la descomposición parcial de especies vegetales distintas. Se vende desecada, esterilizada y comprimida en bloques. Tiene un color marronáceo-rojizo, una estructura porosa y suave, y retiene el agua. Suaviza los suelos arcillosos y endurece los arenosos.

Las turbas enriquecidas con fertilizantes minerales pueden usarse con buenos resultados para la preparación de los lechos de siembra, para la plantación de bulbos, para la cobertura de abono y para mejorar el césped.

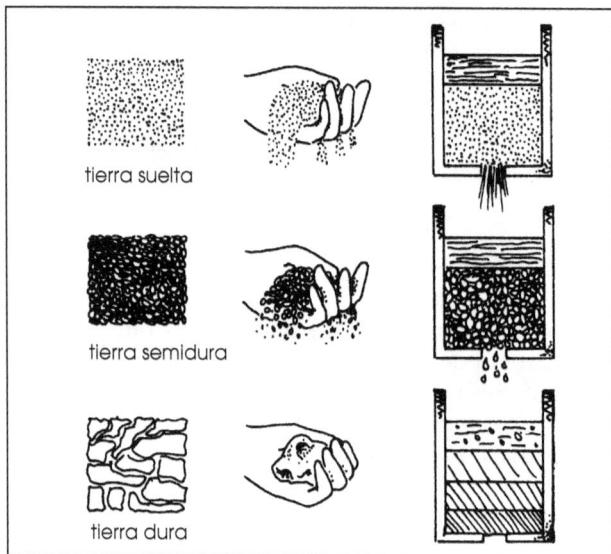

tierra suelta

tierra semidura

tierra dura

Método práctico para determinar el tipo de suelo

Abono y fertilizantes

En el mercado se encuentra una gran variedad de fertilizantes especialmente estudiados para los distintos grupos de especies ornamentales, y también los hay exclusivamente destinados al césped; la elección del producto que pueda ser más indicado para las distintas necesidades que se nos planteen resulta, por consiguiente, extremadamente simple.

Los abonos aportan, mezclados en dosis variable, numerosos elementos nutritivos minerales y también principios vitamínicos y hormonas vegetales como «factores de crecimiento y de floración».

Por lo que respecta a los abonos de uso general, el criterio de selección define la *composición*, con particular referencia a los tres elementos fundamentales que son los responsables de la fertilidad (es decir, nitrógeno, fósforo y potasio), y la *forma*, de la que depende el efecto fertilizante, que puede ser rápido, lento y gradual, o bien retardado.

Para que podamos aprovechar convenientemente la lectura de las etiquetas de los diversos productos, a continuación indicamos brevemente la influencia de los principales elementos sobre el metabolismo de las plantas.

Tres elementos fundamentales

Nitrógeno

Estimula el desarrollo vegetativo y, por lo tanto, es indispensable en las primeras fases del desarrollo de todas las especies y también, más adelante, para las plantas cultivadas precisamente por su abundante vegetación, tales como setos y las plantas trepadoras. Una excesiva y prolongada producción de hojas contrarresta la floración, que resultará más tardía y más escasa. El nitrógeno amoniacal de los sulfatos y fosfatos, al impregnar el suelo, tiene un efecto rápido; la urea y la cianamida de calcio —que con la humedad produce urea— tiene un efecto distinto en función de la disponibilidad de agua.

Fósforo

Favorece la lignificación y, por consiguiente, aumenta la robustez de la plantas y su resistencia a las enfermedades. Es particularmente indicado para los árboles y los arbustos, así como para la buena conservación de los órganos subterráneos. La acción de los abonos fosfóricos está ligada al porcentaje de anhídrido fosfórico soluble en agua, lo que lo hace rápidamente asimilable.

Potasio

Favorece la acumulación de sustancias de reserva en bulbos, tubérculos, rizomas y semillas. Asimismo, estimula la floración de todas las especies.

Los abonos potásicos tienen un efecto rápido o lento en función de la cantidad de óxido de potasio presente.

Tipos de abonos

Abonos complejos orgánico-minerales

Proceden de los más variados materiales orgánicos (estiércol, gallinaza, desechos de carnicería, basuras), desecados, esterilizados y enriquecidos con dosis adecuadas de abonos químicos, con el fin de equilibrar la relación entre los distintos elementos nutritivos. Los abonos complejos son de fácil distribución gracias al «pelletizado», que los reduce a gránulos de composición uniforme y equilibrada. En efecto, contienen los diversos elementos de forma distinta, lo que permite que unos se impregnen en el suelo poco a poco, y otros lo hagan de forma rápida.

La valoración de estos productos no se hace sólo a partir de la composición, sino también a partir de la calidad del material de base: los mejores son, en primer lugar, lo derivados del estiércol y, en segundo lugar, los derivados de la gallinaza.

Abonos orgánicos naturales y comerciales

Son indispensables para la fertilidad del suelo, no sólo porque suministran numerosos elementos nutritivos y factores de crecimiento, sino también porque generan *humus* en el suelo, gracias al aporte de microflora bacteriana.

Las modificaciones, en sentido positivo, de la estructura del suelo que implica la acumulación de sustancias nutritivas, el mantenimiento de la humedad, la absorción de calor solar, etc., están más marcadas cuando se emplean *abonos naturales*, tal como el estiércol y la gallinaza, compuestos sobre todo de materiales vegetales descompuestos.

Aunque no tengan un efecto inmediato sobre la estructura del suelo, estos abonos constituyen sustitutivos óptimos de los abonos naturales u ofrecen, con respecto a estos, numerosas ventajas adicionales, tales como la uniformidad de composición, obtenida triturando y mezclando cuidadosamente el material, después de la desecación; la facilidad de distribución, gracias al «pelletizado», operación que los reduce a gránulos y la ausencia de larvas, huevos, bacterias, mohos y virus, debido al proceso de esterilización al que se someten. Dado que se destruye también la microflora útil, los mejores productos se enriquecen con cultivos especiales de bacterias en estado de reposo que, una vez en el suelo, vuelven a ser activos, multiplicándose.

El riego

La calidad del agua empleada para el riego afecta la composición y el pH del suelo, así como la absorción de las sales nutritivas por parte de las plantas.

Las aguas «duras», por ejemplo, son ricas en sales de calcio y de magnesio, que se unen al hierro, con lo que lo hacen no apto para la fotosíntesis clorofiliana: por consiguiente, son la causa indirecta de la blancura y de las manchas que se suelen observar en las hojas. Esto se corrige principalmente con los «filtros suavizantes» especiales que se acoplan al grifo.

También la temperatura del agua, cuando es demasiado baja en relación a la del medio ambiente, puede detener el crecimiento de las plantas y destruir los sembrados.

Lo ideal, para el riego, si queremos evitar cualquier tipo de problema, sería emplear agua a temperatura ambiente, o incluso sensiblemente superior para las semillas y las plantitas en las primeras fases vitales.

Para evitar riesgos, se sigue la norma que establece que la distribución del agua a las plantas se debe efectuar a primera hora de la mañana o por la tarde en las estaciones calurosas, y a media mañana en las estaciones frías.

Sistemas de distribución

Riego por aspersión

Este tipo de irrigación presenta un riesgo relacionado con el problema de la temperatura, porque alcanza también la copa. Su acción es provechosa, sobre todo en los periodos de mucho calor, pero favorece las enfermedades criptogámicas en el caso de que estén presentes.

Riego por goteo

Consiste en distribuir el agua en la proximidad de cada planta, de manera ininterrumpida o intermitente, mediante una red de cañerías equipadas con tubos especiales. La irrigación por goteo permite un ahorro considerable de agua, que los vegetales utilizan gradualmente y que se sustrae a la dispersión y a la evaporación.

Riego subterráneo

Se realiza con la instalación, aproximadamente a 30 cm de profundidad, de una red de cañerías de material poroso, que contiene agua a una presión reducida y que será empleada por trasudación, es decir, a medida que el suelo se vaya secando a su alrededor. Este sistema aprovecha el fenómeno de la nueva salida capilar del agua en el suelo, que precisamente es activa en una capa que no supera los 30 cm de espesor.

Riego programado

Se puede aplicar a todas las técnicas de distribución descritas, mediante dispositivos de relojería. Sin embargo, por razones de ahorro y de temperatura del agua, es preferible que el riego por goteo y el subterráneo sean de alimentación continua.

Riego fertilizante

Se hace instalando, al principio de la conducción, unos aparatos especiales que introducen y mezclan, según las dosis apropiadas, los fertilizantes en el agua, a medida que esta discurre.

Las labores del jardín

Cava

Se efectúa como labor de preparación entre un cultivo y el siguiente y, en consecuencia, se realiza en suelo despejado. Se cava en la capa activa del suelo, a una profundidad de 30 cm, aproximadamente. Esta labor tiene la finalidad de invertir los terrones, desmenuzándolos y exponiéndolos a la acción del aire y de la humedad.

Labranza

Se labra el suelo cultivado para romper la corteza superficial que se forma al pie de las plantas a causa de la lluvia y del sol, y para eliminar la maleza.

Escarda

Sustituye la labranza cuando esta puede dañar las raíces superficiales; se debe llevar a cabo con una herramienta ligera. Su eficacia y los consiguientes beneficios dependen principalmente de la frecuencia con la que se realice.

Sachadura

Se efectúa alrededor de las plantas herbáceas, en particular para frenar la propagación de las malas hierbas: se deben cortar por la base tan pronto como rebroten para eliminar, tarde o temprano, las raíces.

Recalce

Consiste en amasar en cono un poco de tierra, o mejor aún, de mantillo suave o de turba, alrededor del pie de las plantas, para aumentar su estabilidad, facilitar el escurrido del agua y estimular la producción de brotes de base.

Cobertura

Es una práctica útil. Consiste en cubrir el suelo, al pie de las plantas, con materiales distintos, cuya función es evitar la formación de corteza superficial, limitar las pérdidas de agua por evaporación y atemperar los efectos perjudiciales del hielo.

Las hojas, la paja y la turba no perjudican la estética del jardín y lo protegen, ya que permiten la absorción del agua de irrigación y la acumulación de la humedad atmosférica.

Las hojas de polietileno son eficaces contra la evaporación, pero no dejan que el suelo acumule agua; además, son antiestéticas para el jardín. Una solución para ambos defectos podría ser colocar una hoja agujereada con una ligera forma de concha, de manera que el agua pueda ser recogida y filtrada, y recubrirla con tierra para que no sea tan visible.

Cómo plantar
árboles y arbustos

Labores de preparación

Los hoyos destinados a acoger árboles y arbustos se deben preparar con mucha antelación, en otoño para las plantaciones primaverales, y en primavera para las otoñales. De todas formas, para no dejar desarreglado el jardín, se pueden cavar con sólo un mes de antelación, a condición de que se lleven a cabo todas las operaciones necesarias para procurar al suelo las condiciones más apropiadas para el arraigo. Para poder cavar un hoyo con las medidas correctas, es decir, un poco más grande que el aparato radical, es necesario conocer su dimensión aproximada, lo cual no resultará difícil si se encarga con antelación al vivero.

En general, los árboles con un tronco alto (o que lo tendrán más adelante) se deben plantar a una distancia de 6 m, por lo menos, de las estructuras de obra (pared, muro, etc.); en cambio, para los arbustos serán suficientes 2 o 3 m.

También será oportuno prever el futuro desarrollo de la copa y el radio de proliferación de las raíces, para no crear problemas a otras plantas o al césped.

Cavaremos después, con la laya, un hoyo de tamaño aproximado de 50×50 cm para los arbustos, y de

100 × 100 cm para los árboles. Amontonaremos al lado la tierra que saquemos y quitaremos las piedras de gran volumen y los restos de raíces y maleza. La modificaremos, si fuera necesario, añadiendo arena y turba, e incorporaremos un abono complejo de efecto retardado.

Para no dejar descuidado el jardín, se puede volver a poner la tierra así preparada en el hoyo, sin comprimirla, protegiéndola en la superficie con hojas.

Época de plantación

Los árboles y arbustos adquiridos con el cepellón, empaquetados en un plástico o en una caja, se pueden plantar en cualquier momento, en la medida en que puedan existir problemas de habituación de las plantas, es decir, cuando se trasladen a un ambiente muy distinto del original.

Para los de raíz desnuda, hay que respetar la regla general según la cual la plantación —que consiste en un verdadero trasplante— se ha de efectuar cuando la planta esté en reposo, ya que, en caso contrario, las raíces no conseguirían responder a las necesidades nutritivas y de agua de la copa en actividad.

En cambio, en las especies caducifolias, la fase de reposo se detecta fácilmente por la pérdida de hojas; en las especies perennes, el estado de reposo coincide con la ausencia de nueva vegetación en la punta de las ramas.

Las plantas caducifolias, por consiguiente, se podrían plantar durante el invierno, pero es preferible efectuar la operación cuando el suelo esté «en tempero», es decir, en condiciones de ser trabajado, y garantice una buena adherencia de las raíces. Por lo tanto, no debe estar ni lodoso ni endurecido por el hielo.

Los perennes, ya que no cesan nunca completamente la actividad vegetativa, se deben plantar preferentemente antes de entrar en reposo, para que tengan tiempo de empezar un buen arraigo.

Técnica de plantación

Si, por diversas razones, no se pueden plantar directamente las plantas de raíz desnuda, se mantendrán durante algunos días en una zanja cavada en la sombra y protegidas por una abundante cobertura, de manera que se les asegure una humedad suficiente, pero no excesiva, ya que esto último podría provocar podredumbres.

En el momento de la plantación, si el suelo es duro y la especie seleccionada aborrece los encharcamientos, se deberá poner en el fondo del hoyo una capa de grava para favorecer el drenaje; en caso contrario, se hará una base con arcilla mezclada con turba.

Si la tierra de relleno no ha sido previamente mezclada con abono orgánico, introduciremos en el fondo estiércol maduro o desecado, separado con un poco de tierra tanto de la capa de drenaje como de las raíces.

Sujetaremos la planta en posición perfectamente vertical, y limpiaremos las raíces, si están desnudas, de las posibles partes dañadas y las colocaremos bien extendidas en el hoyo.

En general, las plantas que proceden de un vivero poseen un aparato radical proporcional a la copa. De todas formas, es preferible sujetarlas a un tutor profundamente fijado en el suelo cuando el hoyo esté todavía abierto.

Si se corre el riesgo que el viento o la nieve arranquen los árboles recientemente plantados —cosa que sucede a

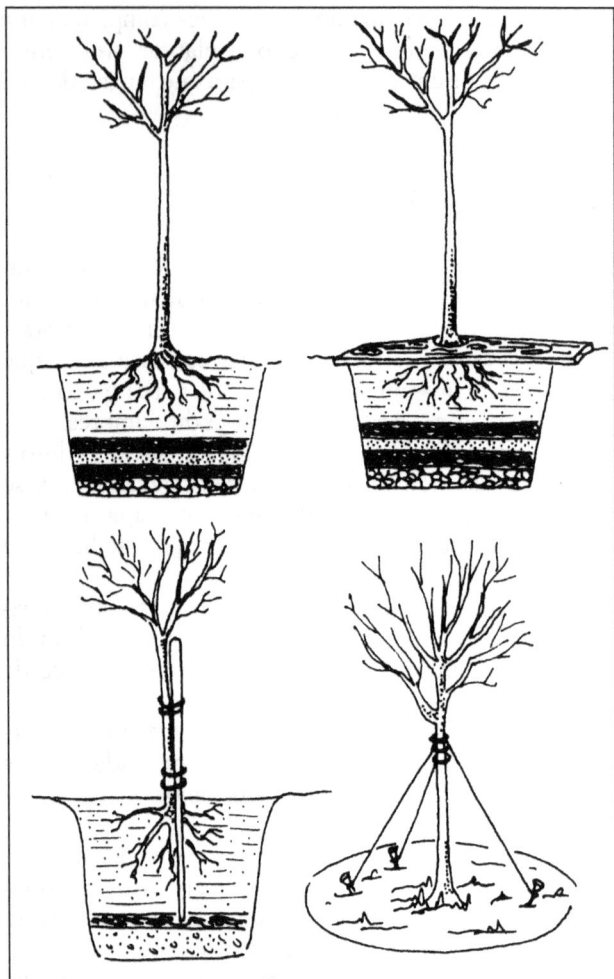

Plantación de árboles y arbustos

menudo en los suelos inclinados—, será necesario anclar la planta mediante tirantes a tres estacas fijadas en el suelo a los vértices de un triángulo.

Distribuiremos la tierra de manera uniforme alrededor del hoyo, la comprimiremos y la regaremos capa por capa. Únicamente si el suelo está muy seco será necesario mojar también el fondo del hoyo y esperar a que el agua sea absorbida antes de introducir en él la planta.

Una vez acabada la labor, el riego se hará siempre por aspersión antes de comprimir la tierra definitivamente, operación indispensable para garantizar una buena adherencia de la raíces y la estabilidad de las plantas hasta que puedan anclarse por sí solas. En caso de sequía prolongada y de dificultad de irrigación, dispondremos la tierra «en cúpula» alrededor del pie de las plantas; en cambio, cuando exista el peligro de encharcamientos, se practicará el recalce, que favorece el drenaje del agua.

Técnica del trasplante de árboles y arbustos

El problema del trasplante no se refiere a la plantación propiamente dicha, que sigue las normas generales correspondientes a la época y a las distintas especies, sino a la extracción de las plantas, que constituye una operación muy delicada, ya que se trata de árboles y arbustos que tienen un aparato radical de un cierto volumen y, por lo tanto, resulta difícil transferirlos sin que sufra daños.

Aunque se opere cuando las plantas estén en fase de reposo, durante la recuperación vegetativa se notará, de todas formas, un estancamiento en el crecimiento, debido a dificultades de arraigo, consecuencia de arranques y lesiones a las raíces, con lo que se pierde una gran parte de plantas más jóvenes y más activas en la función de absorción.

Primero, hay que sondear el suelo para localizar el aparato radical y para averiguar, *grosso modo*, su extensión. A continuación, cavaremos un surco circular externo al mismo, hasta alcanzar la base, e introduciremos una pala ancha, haciendo palanca. Si se nota resistencia, regaremos abundantemente y esperaremos a que el agua haya sido absorbida, antes de volver a intentarlo. En caso de dificultad, es preferible cortar de un golpe las raíces que se han esparcido a lo largo del suelo y en profundidad, antes que arrancarlas.

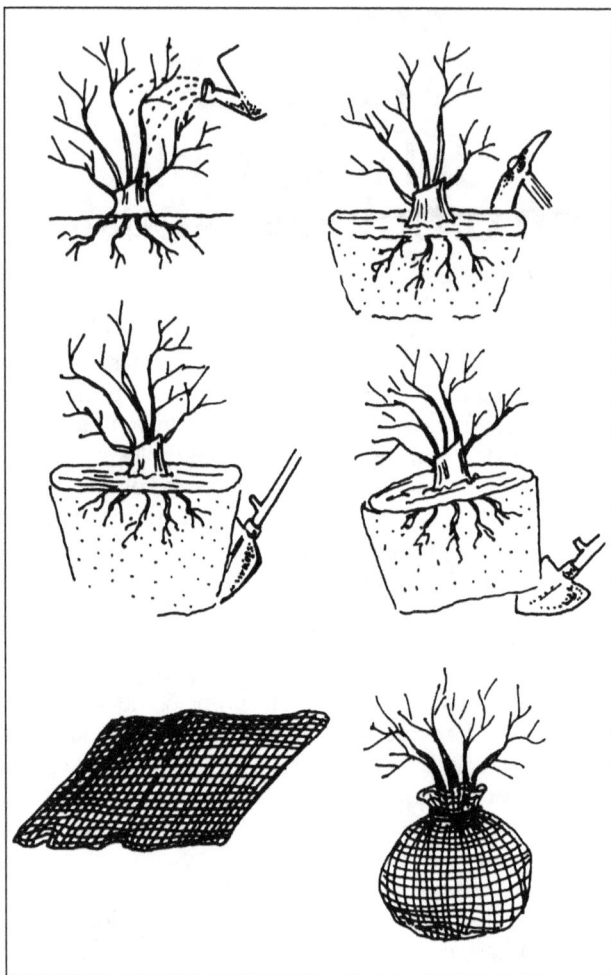

Extracción y plantación de árboles y arbustos

Cuando la tierra esté mojada, esperaremos a que se seque suficientemente para que se adhiera de nuevo a las raíces, para poder así extraer la planta con un buen cepellón; a continuación, la colocaremos en un saco de yute y la transportaremos al lugar de plantación.

En caso de desequilibrio entre el aparato radical y la copa, reduciremos esta última con las podas oportunas.

El trasplante de ejemplares de gran tamaño, plantados desde hace años, es tarea de especialistas, que emplean medios mecánicos apropiados. De todas formas, la operación tiene una influencia negativa sobre el vigor de la planta y, por lo tanto, en general, resulta desaconsejable. Es preferible realizarla en diversas fases, programándola con antelación, de manera que podamos observar las reacciones de la planta antes de llevar a cabo definitivamente el trasplante. Procederemos según la técnica arriba indicada, cavando solamente la mitad del surco en otoño y la otra mitad a finales de invierno, o incluso durante el otoño siguiente. Durante la fase de preparación, mantendremos una cobertura abundante sobre la zona afectada.

Cómo reproducir árboles y arbustos

Reproducción vegetativa

Se realiza mediante partes de la planta, y permite obtener ejemplares perfectamente idénticos a la planta madre en un tiempo relativamente breve en comparación a la siembra, técnica que cabe excluir en la práctica y que se debe reservar para los casos en que se desee reproducir una especie rara, de la que resulte imposible obtener un ejemplar o una porción de rama.

Por esqueje

El esqueje es una porción de tallo con yemas, que se extrae de la planta madre en épocas distintas en función de la especie y del clima. Se emplea para todas aquellas plantas que producen fácilmente raíces adventicias (es decir, desde los nudos del tallo) si se encuentran en condiciones apropiadas y, por lo tanto, no resulta siempre factible. Cada especie requiere procedimientos propios, en particular en cuanto a la elección de la porción que se haya de obtener y al periodo más apropiado para conseguir el arraigo.

Extracción. Esta operación no debe coincidir nunca con el reposo vegetativo, durante el cual las plantas no son capaces de producir ni raíces ni brotes. Por lo tanto, hay que actuar antes de la entrada en la fase de reposo, o antes del despertar, en función de las posibilidades de las que se disponga, para ofrecer un medio favorable al arraigo; es decir, humedad constante y temperaturas comprendidas entre los 12 y 18 °C.

En lo que se refiere a las especies perennes, cualquier periodo del año permite la reproducción por esqueje, a condición de que existan las condiciones necesarias para realizarla.

La extracción por esqueje se debe hacer de manera que no dañe el equilibrio y la funcionalidad de la planta madre; lo ideal sería hacerla coincidir con la poda y la reproducción.

El corte se debe practicar según las reglas, en sentido oblicuo y con superficie nítida, para no lesionar, al contraerlos o al arrancarlos, los tejidos, bien de la planta madre, bien de la porción extraída.

Preparación. Es una operación indispensable para obtener el arraigo y la producción de brotes robustos y bien distribuidos. Se arrancan las hojas laterales, dejando el rabillo y las hojas terminales intactas, en particular el brote apical, o bien se cortan cuando están amplias y tiernas, para reducir al máximo la superficie de evaporación.

En cualquier caso, será necesario dejar porciones de verde, que permitirán alimentar las raíces en vía de desarrollo.

Arraigo. Se puede favorecer manteniendo las ramitas en agua, durante algún tiempo, en una maceta de cristal transparente y expuesta a la luz, hasta que se forma un discreto aparato radical; o bien, se puede desmenuzar su

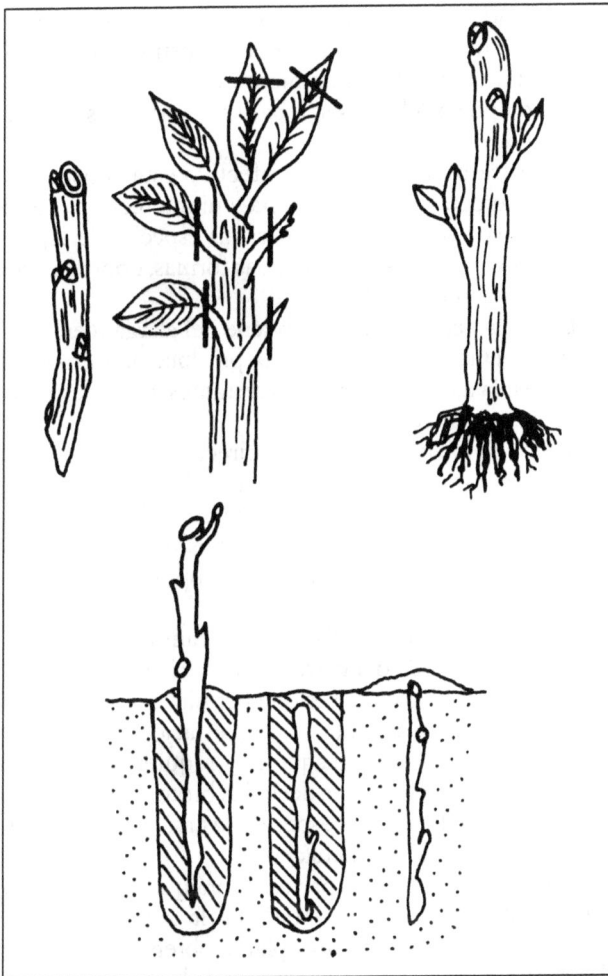

Reproducción por esqueje de árboles y arbustos

extremidad con un martillo, cuando la corteza esté dura y leñosa, antes de introducirla en el sustrato adecuado.

Resulta muy útil el tratamiento con productos especiales, en polvo o líquidos, a base de hormonas estimulantes.

El sustrato de arraigo más efectivo está constituido por dos terceras partes de arena y una tercera parte de turba, o bien por sólo arena para las especies de tejidos «jugosos», o para las que, de todas formas, aborrecen los encharcamientos.

El arraigo conseguido se obtiene del alargamiento del ápice vegetativo, así como de la producción de nuevos brotes en la axila de los rabillos restantes, y del despertar de las yemas en reposo.

Trasplante. Aunque se realice directamente en el lugar de plantación y en la estación apropiada, requiere un control estricto, para garantizar una humedad constante, y la protección eventual con túneles o campanas, así como para mantener la temperatura óptima y evitar daños causados por la intemperie.

Es más razonable realizar varios cambios de maceta en contenedores de diámetro creciente, hasta obtener un buen cepellón rico en raíces que permita el trasplante en plena tierra prácticamente en cada estación.

Forman parte de los esquejes y requieren el mismo tratamiento los retoños, es decir, los brotes crecidos en la base del tallo de algunas especies, las raíces provistas de brotes y las porciones de raíces.

Antes de utilizar estas partes, habrá que asegurarse de que la planta no esté injertada en la zona del cuello, ya que en este caso la nueva planta obtenida no tendría las características deseadas, sino las de la especie a la que perteneciera el aparato radical.

Por acodos y estacas

Tanto la reproducción por acodo como por estaca se basan en el mismo principio, en que las ramas de una planta echen raíces sin que estén separadas de ella. Así se evita el periodo crítico necesario en los esquejes para adquirir su autonomía, dado que la porción, que luego será arrancada, continúa alimentándose de la planta madre durante la fase de mayor trabajo.

Época. El momento más apropiado para realizar acodos y estacas coincide con el de actividad vegetativa de las plantas, ya que resulta a menudo inútil y dañino mantener la humedad alrededor de una rama que esté en reposo, que no es capaz de producir raíces y que, por consiguiente, suele marchitarse.

Con las plantas perennes, es teóricamente posible aplicar estos métodos en cualquier estación, pero fracasan cuando las condiciones de temperatura no son favorables.

La estaca: técnica de ejecución. La estaca se utiliza en especies con ramas rígidas y rectas, sobre porciones semileñosas, e incluso leñosas, cuando sean de diámetro regular. Se practica una incisión vertical o anular, se levanta la corteza, junto con una parte de tejido subyacente, y se mantiene abierta la hendidura con un poco de musgo o turba.

Se introduce la porción así preparada en un tubo de polietileno que se debe fijar debajo de la incisión con una liga o una cinta adhesiva resistente al agua; entonces se rellena el saquito obtenido con mantillo rico en turba, o sólo con esta última, y se vuelve a cerrar. El sustrato se debe haber humedecido previamente, y se mantendrá en estas condiciones durante todo el periodo necesario para el arraigo.

Una solución más sencilla podría ser usar unas esponjas sintéticas especiales que no necesitan ningún tipo de atadura y que pueden mantenerse húmedas con los riegos habituales del jardín.

El acodo: técnica de ejecución. El acodo se aplica sobre todo a las especies que tienen ramas flexibles, que pueden enterrarse alrededor de la planta madre, ocasionalmente con la ayuda de cajas levantadas sobre el suelo; sobre las ramas largas y flexibles se pueden realizar estacas múltiples. En las porciones seleccionadas, se practica una incisión anular o vertical que alcance, además de la corteza, también una parte del tejido subyacente; la hendidura se deja abierta con musgo o turba, aunque no es indispensable, y se entierra sólo la zona cortada, a una profundidad de 3 o 4 cm, fijándola con soportes o clavijas en forma de U.

El arraigo, bien sea de las estacas, bien de los acodos, es más rápido y abundante si se tratan las partes cortadas con preparados especiales a base de hormonas estimulantes.

La extracción de la porción que se utilice para la reproducción se efectuará cuando el alargamiento del ápice vegetativo o la producción de nuevas hojas indiquen que el arraigo se ha logrado, lo que se puede comprobar examinando el manguito de las estacas, o bien el suelo de alrededor de los acodos. En caso de que se note una dificultad de autonomía, se puede proceder a la extracción gradual, cortando primero, sólo parcialmente, la rama.

Si, a continuación, la producción de raíces fuera escasa y lenta, o las condiciones ambientales no fueran favorables a la recuperación vegetativa, se aplazaría la operación de la separación hasta la estación siguiente. La porción arraigada se debe extraer de todas formas con su cepellón, y ha de ser trasplantada preferentemente en un contenedor antes que en el suelo mismo.

El injerto

El injerto forma parte de los métodos de multiplicación vegetativa, dado que consiste en reproducir una planta soldando una pequeña porción (injerto) en una planta adulta (patrón), bien arraigada y ambientada.

La condición indispensable es que las dos partes pertenezcan a la misma especie o a especies afines.

En el caso particular de las plantas ornamentales, el injerto se practica para obtener rápidamente una variedad noble, sustituyendo, con pequeñas porciones extraídas de esta, las ramas de una variedad común, ya ambientada y desarrollada, o bien para aprovechar el aparato radical de árboles dotados de gran adaptabilidad al suelo y adaptarlo a otras plantas más exigentes.

Por lo tanto, mediante el injerto es posible introducir en el jardín nuevas variedades sin recurrir a la plantación, e incluso se puede llegar a obtener más formas y más colores de una misma especie en una sola planta.

La técnica del injerto se aplica también para reequilibrar copas dañadas por la intemperie o sometidas, por necesidad, a cortes drásticos.

Los distintos tipos de injertos se pueden dividir en dos grupos en función de si se utilizan yemas o bien púas, es decir, ramitas provistas de yemas.

Época. El periodo más apropiado para el injerto coincide con la recuperación vegetativa y, aún mejor, con el periodo de plena actividad de las plantas, cuando la savia circula activamente, lo que facilita tanto la extracción de las porciones que se vayan a utilizar, como la soldadura de las partes puestas en contacto. El injerto de yema se puede realizar también a finales de verano; en este caso, los resultados se obtienen en la primavera siguiente.

Las yemas y las púas se extraen de ramitas de un año, con corteza brillante y blanda, y se utilizan inmediatamente.

Se utiliza el cuchillo especial para cortar, entallar y levantar la corteza. Las partes puestas en contacto se deben adaptar perfectamente, y se protegerán de la desecación, de la penetración del agua y de los parásitos con fajas de rafia y con un recubrimiento de betún o barro de injerto.

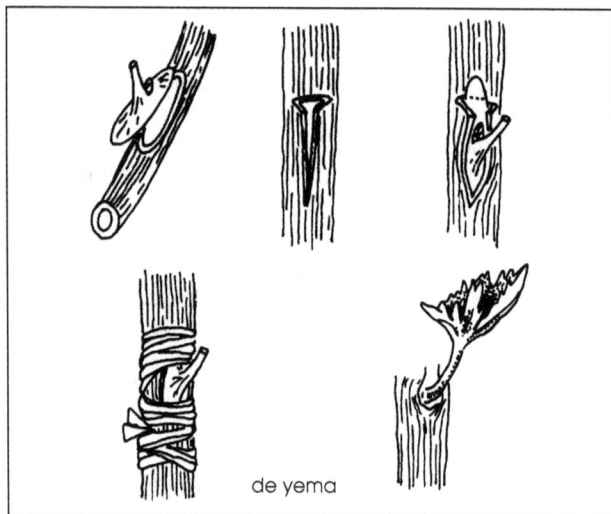

de yema

Algunos tipos de injertos

de púa

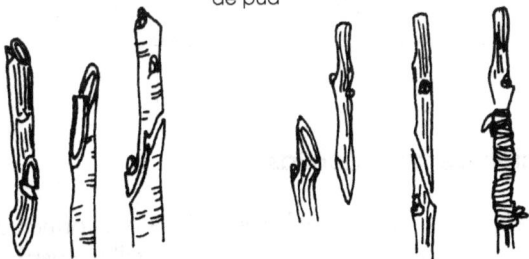

de hendidura inglesa doble

de hendidura sencilla

de aproximación

de puente

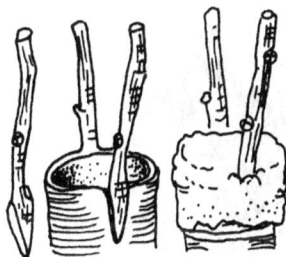

de corona

de cuña

Puesto que la técnica del injerto no resulta fácil y requiere mucha precisión, es preferible practicar antes con una rama separada y pasar luego a plantas vivas de escaso valor.

División de las macollas

Sólo es posible hacerla con los ejemplares que formen una mata, es decir, que produzcan numerosos tallos a partir del aparato radical. Después de haber humedecido abundantemente el suelo, se descubren las raíces que correspondan al grupo de ramificaciones que se deseen extraer; tras haber comprobado la profundidad, se introduce verticalmente una pala cuadrada, de manera que quede bien separada la macolla, y se extrae haciendo palanca.

Época. El periodo más apropiado para usar esta técnica corresponde al del reposo de la planta, incluso cuando el objetivo principal es aclarar, para no provocar desgarros y daños en las raíces.

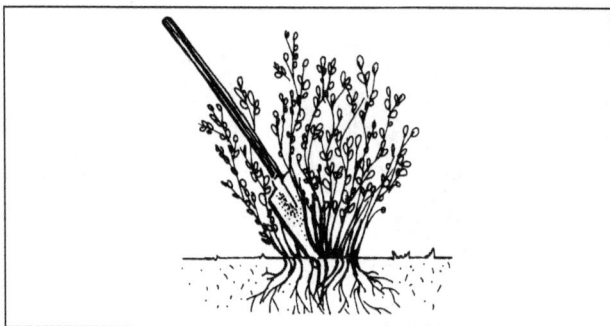

División de macolla

La poda

Consideraciones generales

El corte de una rama provoca el despertar de las yemas debajo de la hendidura, que producen brotes sustitutivos, y se obtienen efectos diferentes en función de la época en la que se efectúe: el efecto será estimulante en el momento que precede al despertar, debilitante durante la plena actividad vegetativa, y equilibrador antes de la entrada en reposo.

Se debe cortar inmediatamente después de una yema, y no en una posición intermedia, ya que el muñón sobrante, además de dejar antiestética la copa, está destinado a secarse o bien a marchitarse tras haber sustraído inútilmente alimento a la planta.

Se emplean cizallas o podaderas bien afiladas, y se efectúa el corte siguiendo una superficie nítida y oblicua que, en las ramas con diámetro superior a 3 o 4 cm, se debe proteger con betún cicatrizante, antiséptico y antiparasitario. Esta precaución no es necesaria para las especies resinosas, tales como las coníferas y los eucaliptos.

Se corta teniendo en cuenta la ubicación de la yema y, por lo tanto, de la dirección que se le quiere dar a la nueva ramificación.

Tipos de poda

Poda de formación

Tiene como finalidad proporcionar a las plantas un aspecto determinado y una forma precisa, siempre que la especie posea la predisposición necesaria.

Se hace necesaria para las plantas procedentes de siembra o de reproducción vegetativa (esqueje, acodo, estaca) y para las que se sustrajeron al control; se puede aplicar, con las debidas precauciones, para cambiar la forma, de árbol a arbustos, y viceversa.

Se practica, preferentemente, en plantas jóvenes, en el periodo que precede inmediatamente al despertar vegetativo, y en las adultas, en momentos distintos, según se desee estimular o inhibir el desarrollo de determinadas ramificaciones.

Poda de mantenimiento

Se practica sobre plantas ya formadas y se debe limitar a las operaciones indispensables, para no desnaturalizar la forma que las especies adquieren al crecer. Las coníferas, tienen tendencia a mantener intactas las características específicas y no requieren intervenciones.

La poda de mantenimiento se hace necesaria para reducir una copa dentro de los límites deseados, para reequilibrarla cuando, generalmente por razones de exposición unilateral al sol, crece de manera irregular, para aclarar las ramas periféricas que impiden que la luz alcance las internas, dejándolas sin hojas.

La poda de mantenimiento se practica en general con las plantas en reposo, es decir, a finales de otoño o durante el invierno; en las especies caducifolias cuando ya están desprovistas de hojas, y en las perennes, que experimentan sólo una disminución de la actividad, cuando no se nota la presencia de nueva vegetación.

Poda verde

Se llama «poda verde» a la que se practica a las especies caducifolias durante la actividad vegetativa.

Consiste en una sola extracción de la porción apical de las ramas, y se aplica para mantener los setos dentro de los límites, y para eliminar las partes ya florecidas. Provoca, en función del momento en que se realiza, unos efectos más o menos evidentes en las plantas.

Desmoche

Consiste en cortar la parte apical de árboles y arbustos de tipo recto para frenar el crecimiento en altura; en cambio, provoca el ensanchamiento de la copa que, por consiguiente, adopta una forma plana. Se aplica también a los setos que se escaparon del control.

Amputación

Es una intervención drástica, que se aplica en las plantas caducifolias, en particular cuando se hace necesario arreglar y rejuvenecer la copa de plantas añosas.

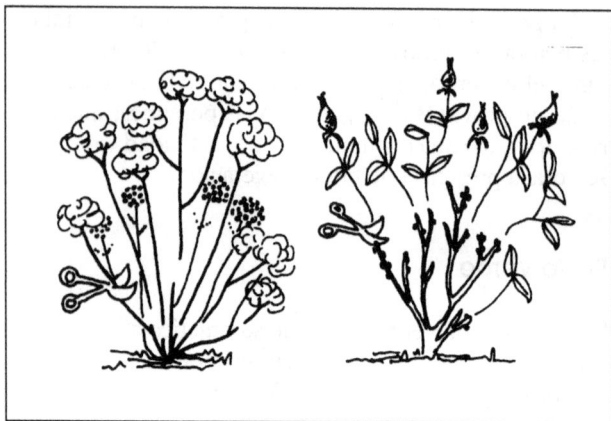

Poda de las hortensias

Poda de las especies de flor

Requiere una técnica especial, en función de la época en la que se realiza la floración y de la edad de las ramas que la dan. Las especies que florecen sobre las ramas del año anterior, y que suelen ser las de floración precoz, invernal o primaveral, no se deben podar ni en otoño ni durante el reposo invernal, ni en la recuperación vegetativa, sino después de la floración, ya que, en caso contrario, no consiguen formar nuevas ramas provistas de yemas de flor. Las especies que florecen sobre las ramas de reciente formación, en verano y en otoño, se pueden podar tanto después de la floración, como durante el reposo, o bien al finalizarlo.

Puede resultar necesario el aclareo, puesto que una abundante floración suele ir acompañada de una producción de corolas más pequeñas y menos duraderas.

  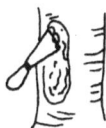

poda y protección de los cortes

renovación de los arbustos

poda de arbusto deflorado

poda de las rosas

en mata

en arbolito

trepadora

Técnicas de poda

Las plantas herbáceas

Comportamiento y ciclo vital

Es indispensable conocer el comportamiento y la duración de la vida de las distintas especies para poder utilizarlas de manera racional.

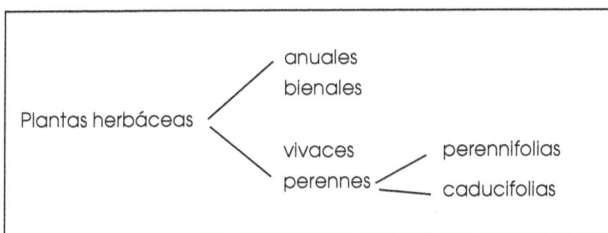

```
                         anuales
                         bienales
Plantas herbáceas
                         vivaces        perennifolias
                         perennes       caducifolias
```

Las plantas *anuales* concluyen el ciclo vital por entero, que pasa por la germinación, el crecimiento, la producción de hojas, la floración y la maduración de la nueva semilla, y que acaba con la muerte, dentro del año e, incluso, en la práctica, dentro de un periodo inferior, generalmente comprendido entre la primavera y el otoño.

En climas favorables, algunas especies sobreviven durante el invierno y conservan vivo el aparato radical, lo que les sirve para regenerar un nuevo aparato aéreo, condenado, no obstante, a concluir su vida dentro del año.

Muchas especies que florecen a principios de la primavera tienen semillas resistentes, que pueden propagarse ya en otoño.

Las plantas *bienales* concluyen el ciclo vital entero, desde la germinación a la producción de la nueva semilla y a la muerte, en un tiempo que supera un año aunque, de todas formas, es inferior a dos años.

Dado que su comportamiento es muy variable, podemos decir que producen flores y que concluyen el ciclo al año siguiente al de la siembra.

Por ejemplo, de las siembras estivales nacen plantitas que, tras un breve periodo vegetativo otoñal, pasan el invierno en estado de reposo, para despertarse y completar su desarrollo en primavera, y florecer entre dicha estación y el otoño, en función de la especie.

Las plantas *vivaces* poseen un aparato subterráneo perenne constituido por raíces, bulbos, tubérculos y rizomas, y que regenera, año tras año, la parte aérea.

Las plantas *perennes* conservan también vivo, además del aparato subterráneo, el aparato aéreo, y se dividen en *caducifolias* y *perennifolias* en función de si pierden o no, respectivamente, las hojas.

Utilización de las diversas especies

A efectos prácticos, las plantas *anuales* y *bienales* no presentan diferencias importantes entre sí, ya que ambas desempeñan su función decorativa en un periodo generalmente comprendido entre la primavera y el otoño, y requieren cada año la renovación de la plantación.

Este aspecto negativo, que puede reducirse con la adquisición de plantas con cepellón, listas para la floración y para ser plantadas, queda compensado por diferentes ventajas evidentes: en primer lugar, la brevedad del ciclo vital, limitado a la estación primaveral-estival, no plantea, en cambio, límites en cuanto al clima y permite obtener resultados decorativos inmediatos; por otro lado, el número elevadísimo de especies y variedades permite resolver cualquier problema de espacio, de color y de aproximaciones; también hay que tener en cuenta que el aparato radical limitado requiere modificaciones ocasionales del suelo dentro de un espesor muy reducido; por último, la disponibilidad de plantitas en los viveros durante una larga temporada, permite la sustitución, incluso en épocas avanzadas, de las que hayan sido dañadas por las inclemencias de la intemperie.

Las plantas *vivaces* y *perennes* permiten acondicionar definitivamente el jardín sin tener que recurrir, cada año, a la plantación de nuevas plantas. Sin embargo, la mayoría tiene una floración limitada a periodos bien definidos y, además, las que pierden las hojas o la copa entera dejan el suelo desguarnecido durante el invierno.

Reproducción vegetativa

Este sistema es más aconsejable, por su sencillez y resultados rápidos, que la siembra. Se sirve de la tendencia natural de las herbáceas perennes y vivaces a la propagación espontánea, y se efectúa con técnicas distintas en función de las características de las especies.

La división de las macollas conviene a las especies con aparato radical fasciculado, y se realiza sacando uno o más brotes provistos de raíces, o también dividiendo la macolla misma en diversas porciones. La multiplicación *por estolones* se obtiene de las especies que producen, alrededor de la macolla primitiva, raíces o tallos alargados, de los cuales nacen nuevas plantitas provistas de raíces, que resultan fáciles de arrancar y de replantar.

La multiplicación *por estaca* (sencilla o múltiple) se aplica a las especies con tallos flexibles, que arraigan en recipientes colocados al lado de la planta, para poder extraer las nuevas plantas con el cepellón.

La reproducción por *esqueje* se hace necesaria cuando las plantas no tienen tendencia a la propagación espontánea, como ocurre sobre todo con las de raíz única. El esqueje se prepara con una porción de tallo provisto de dos yemas, por lo menos, respetando en cualquier caso la apical. Las posibles hojas anchas deben ser reducidas para disminuir la transpiración sin ser por ello eliminadas del todo.

La siembra

La semilla

Las semillas recogidas en el jardín difícilmente garantizan la fiel reproducción de las características de la planta madre, mientras que, por el contrario, suelen dar sorpresas, a veces agradables en cuanto al color de las flores. Ello es debido a que fácilmente puede haber contaminación de polen extraño, procedente en ocasiones de muy lejos, traído por el viento, los insectos y los pájaros.

En cambio, la semilla producida por las empresas especializadas está dotada de una elevada pureza genética, ya que se obtiene mediante la polinización controlada.

La recogida y la conservación de las semillas deben seguir normas precisas, de las que dependerán la facultad de germinación y la calidad de las plantas que de ellas nazcan.

Las semillas recogidas recientemente, pocas veces consiguen brotar; en efecto, necesitan un cierto periodo de reposo que, generalmente, se extiende hasta la estación siguiente.

Las flores de las que se recogerá la semilla se deberán cortar cuando estén totalmente secas; en cambio, las bayas se recogerán en plena maduración. Es inútil subrayar que antes habrá que escoger las flores y las frutas más hermosas de las mejores plantas por su robustez, salud y productividad.

El material recogido se deja secar en un lugar sombrío y ventilado; a continuación, se liberan las semillas de sus pericarpios y se guardan, dentro de saquitos de tela o de papel con su etiqueta correspondiente, en un ambiente fresco y seco, y a una temperatura de 5 °C, aproximadamente.

La semilla contiene el embrión de la planta y, por consiguiente, un organismo vivo que respira, aunque en estado latente. Por lo tanto, será necesario reducir su actividad fisiológica dentro de los límites compatibles con la supervivencia, evitando la pregerminación, que tendría como consecuencia el agotamiento de las reservas.

La *selección* y la *prueba de la germinabilidad* son operaciones importantes que deben preceder la utilización de la semilla.

Con la primera, se eliminan las semillas demasiado pequeñas, mediante un tamiz, y las vacías, dejándolas flotar en el agua.

Con la segunda, se comprueba el porcentaje de germinación, colocando cien semillas entre dos hojas de cartulina absorbentes enrolladas, o bien en un tarro con arena, manteniéndolas húmedas y con una temperatura de 20 °C, aproximadamente; contando luego las semillas germinadas, será fácil deducir el porcentaje. Si resultara bajo, se aumentará la densidad de siembra.

La siembra directa en el suelo

En general, no es aconsejable, porque para una buena germinación es necesario disponer de un sustrato específico, y también porque las plantitas, en las primeras fases de desarrollo, necesitan tratamientos especiales, tales como la protección contra el sol y la intemperie, con despliegues aparatosos y antiestéticos que ocupan el centro del jardín. De todas formas, se obtienen buenos resultados con algunas especies de semillas grandes, como las zinnias, las capuchinas, los convólvulos, etc.

En el caso de que se quiera efectuar de todas formas, es necesario preparar cuidadosamente el suelo: habrá que cavar a una profundidad de 20 cm para las especies anuales y de 30 cm para las perennes, apartar con el rastrillo los materiales molestos e incorporar a continuación mantillo maduro, o bien un complejo orgánico-mineral; si el suelo está compacto, se añadirá también arena mixta y turba.

Cuando las semillas son muy diminutas, es preferible pasar por el tamiz la parte más superficial (2 o 3 cm), para facilitar la adherencia de las plúmulas a las partículas del suelo.

La siembra en semillero

Con este tipo de siembra se obtiene un elevado número de plantitas. Se puede utilizar como paso previo a la siembra en el propio suelo, ya que, al haber empleado medios de protección eficientes, suministra material listo para ser plantado tan pronto como lo permita la estación.

El *semillero* se prepara en un lugar apartado del jardín, situado en dirección sur o sudeste, preferentemente resguardado por una pared o un seto. Se prepara una estructura de ladrillos, de 30 a 35 cm, un poco más alta sobre el lado posterior, de manera que proporcione al suelo una cierta inclinación, lo que permitirá aprovechar en mayor medida la exposición.

Resultará fácil transformar un semillero de este tipo en un *arcón*, mediante una tapa de cristal con bisagras para poder abrirlo y cerrarlo cómodamente. Asimismo, será fácil protegerlo del sol y de la intemperie, obteniendo al mismo tiempo óptimos resultados estéticos y funcionales.

En las regiones de clima riguroso, se puede transformar en un *lecho caliente*, mediante la introducción de un cable calentador, protegido con material antichoque y antidesgaste, conectado a un termostato fijado al suelo, que se encargue de regular la temperatura en función de la del exterior.

El semillero se puede utilizar también como *vivero*, es decir, como sección de transición antes de la plantación, o bien como medio de arraigo de los esquejes, o como simple protección para las plantitas en fase de arraigo.

En el semillero se coloca el *lecho de siembra*, un sustrato particularmente apropiado para la germinación de la semilla y la vida de las plantitas en las primeras fases de desarrollo. Se obtiene mezclando mantillo, completamente descompuesto y bien desmenuzado, con arena y con carbón de leña en partes iguales, y pasando a continuación toda la mezcla por un tamiz que consiga retener los materiales más voluminosos. La estructura del sustrato deberá ser suave y grumosa, pero no demasiado fina, para no quedar compacta con los riegos y obstaculizar así la salida de los brotes.

La esterilización del lecho de siembra, recomendable en cualquier caso, se hace necesaria cuando en el jardín se hayan manifestado con frecuencia enfermedades imputables sobre todo a criptógamas, bacterias y virus.

El tratamiento con agua hirviendo, o bien con vapor o fuego, mediante instrumentos especiales, resulta útil también para la eliminación de larvas y huevos de insectos, y de semillas de malas hierbas.

Algunos consejos generales

La *distribución de las semillas* se debe realizar con la máxima regularidad posible, al voleo sobre la superficie entera, o bien en línea, en pequeños surcos trazados con el rastrillo. En ambos casos, resultará útil el empleo de sembradoras al voleo o de disco; las semillas muy pequeñas se habrán de esparcir previamente en un mantillo muy seco y tamizado.

La *profundidad de siembra* varía considerablemente en función de las dimensiones de las semillas: desde 2 cm para las del guisante de olor, a pocos milímetros para las de la petunia.

Una vez acabada la distribución, los surcos simplemente se cubren, mientras que las siembras al voleo se recubren con la capa de mantillo necesaria. Para terminar, se comprime la superficie con una tabla, para mantener las semillas en su lugar, y se riega con un chorro de agua finamente pulverizado.

El tratamiento de los sembrados debe ser diario, y comprende una serie de intervenciones que requieren una cierta habilidad manual.

La *humedad* debe ser constante, pero no abundante, y, por consiguiente, será necesario regar con frecuencia y controlar a menudo las condiciones del sustrato. En los semilleros protegidos con cristales o túneles, habrá que prevenir, aireando, la formación de vapor de agua condensado, que de noche se transforma en gotitas heladas.

El *sombrajo*, mediante esteras o redes especiales —que protegen también de la intemperie—, es necesario para las semillas en fase de germinación y en los primeros días de vida de las plantitas, que no soportan los rayos directos del sol.

El *aclareo* se realiza cuando los tallos alcanzan entre 4 o 5 cm, aproximadamente, y han producido de tres a cuatro hojitas. Sin embargo, es preferible hacerlo tan pronto como sea materialmente posible extraer las plantitas, con la ayuda de unas pinzas si fuera necesario.

La finalidad de esta operación es separar regularmente las plantitas, dándoles el espacio necesario para que crezcan fuertes y ramifiquen. Se eliminan primeramente las más débiles y mal formadas, y a continuación se utilizan las que sean de buena calidad y excedentes para llenar ocasionales espacios vacíos, o bien se trasplantan individualmente en pequeños contenedores de turba, para que formen rápidamente un cepellón que facilite y acelere su plantación.

El *trasplante* en plena tierra se efectúa cuando el aparato radical está bien formado y es capaz de arraigar; generalmente se hace cuando las plantitas alcanzan 10 cm y poseen de cinco a seis hojas.

Es necesario mojar la tierra con un cierto tiempo de antelación para que embeba bien y permita extraer la planta con un pequeño cepellón. Las plantitas se colocan una al lado de otra, en cajas, y se plantan lo antes posible en el suelo, en el que ya habrán sido preparados, bien los distintos hoyitos, bien un único surco; se recubren, comprimiendo la tierra alrededor de los tallos, y se riegan moderadamente.

Se trabajará preferentemente hacia la puesta de sol, para evitar, durante varias horas, los efectos de la transpiración; de todas formas, durante los primeros días, y hasta que las plantitas no estén bien rectas y no tengan las hojas turgentes, será preferible protegerlas haciéndoles sombra o cubriéndolas.

Las plantitas de raíz desnuda, extraídas del semillero o adquiridas en ramos, requieren cuidados particulares para el trasplante.

Con el espiche apropiado, se abre en el suelo un espacio con las medidas necesarias, se riega con agua, se espera a que esta sea absorbida y, por último, se introducen las raíces bien extendidas, que se deben recubrir con un mantillo suave, procurando no dañarlas, rellenando todos los vacíos. Al final, se comprime delicadamente la tierra, teniendo cuidado de que el tallo esté en posición vertical.

El cuello, es decir, el punto de inserción de las raicillas con el tallo, debería, según las normas, estar en la superficie; sin embargo, cuando las plantitas son delicadas, puede resultar provechoso estimular la creación de un aparato radical más abundante, enterrándolo en parte. Reduciremos parcialmente el aparato foliar, respetando, no obstante, el brote apical, que puede resultar necesario para disminuir la transpiración y permitir a las raíces arraigar más rápidamente.

El *abono*, en suelo ya enriquecido con mantillo o fertilizante, no es aconsejable en la fase inicial de plantación, ya que estimularía inútilmente las plantitas en la fase crítica del arraigo; en cambio, hay que esperar a que este se anuncie con la producción de nuevas hojitas.

La *siembra en contenedores* separados o reunidos en bandejas es el sistema más práctico y seguro de reproducción por semilla, y no plantea los problemas del aclareo y del trasplante. Los contenedores se deben abrigar, preferentemente en el semillero, para ser sometidos a los tratamientos habituales de las semillas en germinación y de las plantas jóvenes.

En cada vasito o elemento de la bandeja se colocan de dos a tres semillas grandes. Las pequeñas se esparcen en bastante mantillo seco antes de ser distribuidas. De esta forma, el aclareo queda muy simplificado, ya que consiste en dejar, en cada contenedor, una sola plantita, que tiene así la posibilidad de conseguir un desarrollo más rápido y de adquirir más robustez. Las especies se plantan

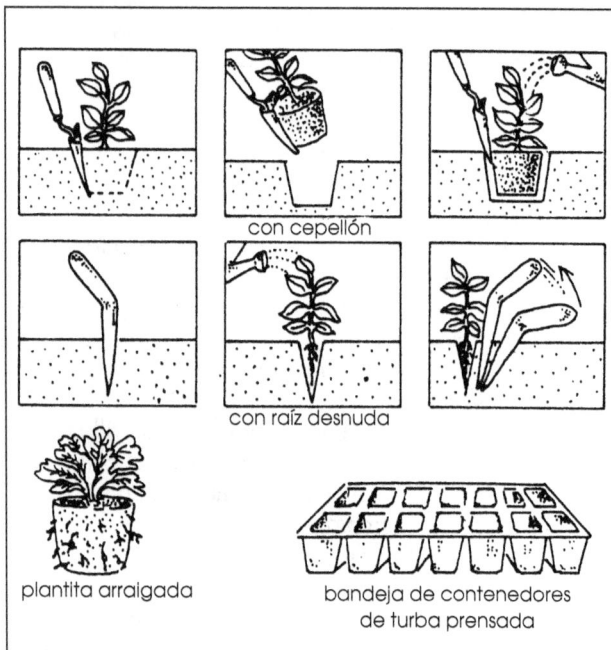

con cepellón

con raíz desnuda

plantita arraigada

bandeja de contenedores de turba prensada

Métodos prácticos de trasplante

recogida de la semilla

control del porcentaje de germinación

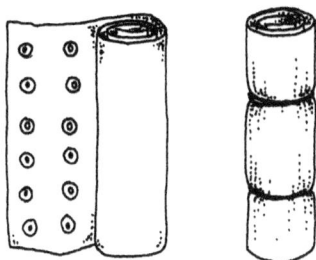

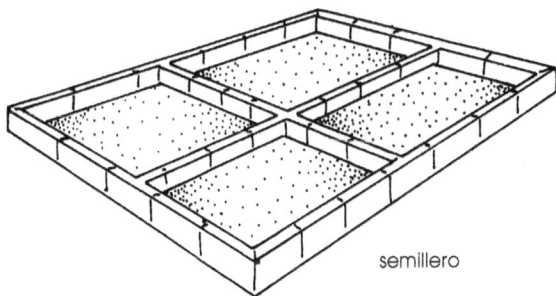

semillero

Producción de la simiente

cuando han formado un buen cepellón, lo que se puede deducir por la resistencia que se nota cuando se estira ligeramente del tallo.

La *plantación* con el cepellón densamente constituido de raicillas no es más que un simple traslado, y no implica ningún problema de arraigo. Mediante riegos regulares y coberturas eventuales durante los periodos más calurosos, en cualquier momento será posible el empleo de las plantitas, sobre todo si se utilizan, en vez de los vasitos de plástico, los de turba —que también se pueden enterrar, uso que no requiere ni siquiera la extracción de la planta.

Bulbos, tubérculos, rizomas

L as especies que forman parte de este grupo se deben considerar *vivaces*, dado que renuevan año tras año la parte aérea, conservando vivo el aparato subterráneo, que les sirve de órgano de reserva.

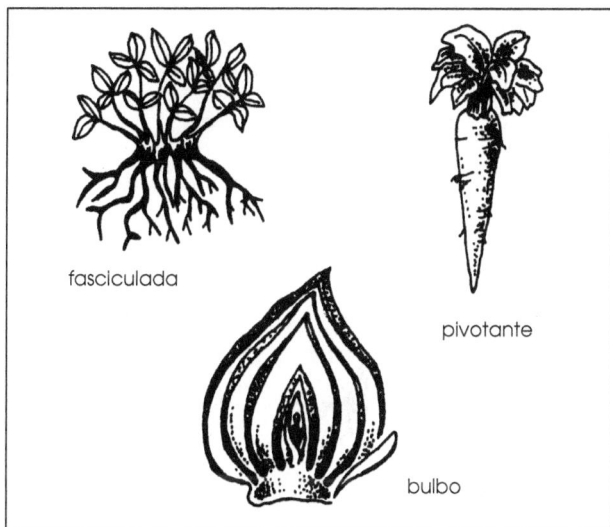

fasciculada

pivotante

bulbo

Tipos de raíz

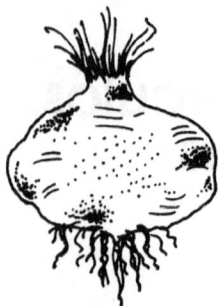

bulbo-tubérculo

rizoma

tubérculo

bulbos

Técnica de cultivo

Al finalizar la floración, las hojas se marchitan más o menos rápidamente y, cuando están totalmente secas, el ciclo vegetativo está concluido y los órganos subterráneos, una vez reconstituidas las reservas, entran en fase de reposo. El arranque de los órganos subterráneos es necesario para las especies que no sobreviven al invierno en plena tierra, y es de todos modos aconsejable en aquellas zonas del jardín donde las hojas secas, primero, y los espacios vacíos, después, le confieren un aspecto poco atractivo.

El arranque se efectúa sobre el suelo blando, para no dañar las raicillas al arrancarlas. Se puede realizar también después de la floración, a condición de que bulbos, tubérculos y rizomas sean arrancados con el desplantador, con su tierra, y colocados, para acabar el ciclo, uno al lado del otro, en cajas de fruta. Habrá que aplicarles los mismos tratamientos que a los que continúan plantados, como veremos más adelante.

Dejar *plantados en el suelo* los órganos subterráneos, donde el clima y la rusticidad de la especie lo permitan, es sin duda alguna aconsejable, ya que se producirá un crecimiento espontáneo, es decir, la formación de verdaderos céspedes en flor, aunque las flores sean más pequeñas debido a que el periodo de reposo ha sido más breve.

Esta técnica es adecuada para los taludes herbosos y los bordes del césped, de donde las hojas de los bulbos, una vez secas, se cortan con la hoz.

Muchos bulbos de floración precoz se pueden cultivar debajo de la copa de los arbustos caducifolios que, a continuación, con su follaje, ocultarán los tallos desflorados. Sin embargo, esta solución es contraria a la norma relativa a los tratamientos y abonos periódicos del suelo al pie de las plantas que, en este caso, se limitaría a intervenciones muy superficiales.

El *reposo* de bulbos, tubérculos y rizomas se acompañará de una reducción gradual de los riegos, a medida que se vaya notando una disminución de la actividad vegetativa, y de la aplicación de un abono carente de acción estimulante y rico en fósforo y potasio, con el fin de favorecer la acumulación de sustancias de reserva.

El material destinado a la conservación se mantiene en un lugar seco y a la sombra, hasta que el mantillo adherente esté bastante seco como para poder eliminarlo, removiéndolo y rascándolo con suavidad; en efecto, hay que procurar no dañar las raicillas y las yemas ya formadas.

Se eliminan las hojas secas residuales; las partes eventualmente dañadas o alteradas, aunque no estén demasiado extendidas, se pueden quitar mediante un cuchillo afilado. En los bulbos, debe quedar intacto el corazón que contiene el brote, mientras que en los tubérculos y rizomas, que también son capaces de desarrollar yemas sustitutivas, es suficiente que cada trozo guarde una proporción equilibrada entre raíces alimenticias y sustancias de reserva.

Por último, se aplica el tratamiento con productos cicatrizantes y antiparasitarios especiales.

Conservación

Los bulbos y rizomas se colocan en las cajas con una sola capa de turba para que no reciban luz. Los tubérculos, en cambio, deben quedar descubiertos, ya que la oscuridad, en el caso de un aumento de temperatura, favorece la producción anticipada de brotes débiles y caedizos.

Las cajas se deben mantener en locales secos y ventilados, a una temperatura de 5 °C, aproximadamente.

Plantación

Los órganos subterráneos de nueva formación, los bulbos en particular, no se deben cultivar para que florezcan en la próxima estación, sino para favorecer su desarrollo y grosor. El suelo debe ser suave, permeable y fresco, de grano fino y carente de materiales voluminosos que puedan crear obstáculos al regular el desarrollo de los órganos, y provocar daños en los brotes.

Los bulbos y tubérculos, en general, prefieren un sustrato más bien ácido, mientras que los rizomas se adaptan mejor a cualquier reacción; los iris, en particular, se aprovechan de la presencia de caliza. Sin embargo, no existen suelos desaconsejados para este grupo de especies, ya que su aparato subterráneo explora sólo un modesto espesor, que puede ser modificado o sustituido por un sustrato adecuado. Los bulbos se plantan con la herramienta apropiada, con la que se extrae un cilindro de tierra, mientras que tubérculos y rizomas se plantan en pequeños hoyos.

Se recubren con mantillo, que se esparcirá delicadamente para no ahogar los brotes, que deberán orientarse siempre hacia arriba.

Mientras los tubérculos y los rizomas poseen varias yemas y pueden también producir otras sustitutivas, repetimos que los bulbos, en cambio, ya no son capaces de germinar.

La *profundidad* de plantación varía en función de las dimensiones del órgano subterráneo y de sus características.

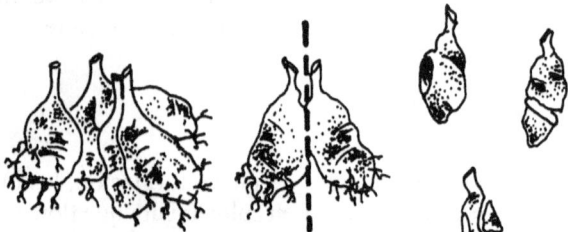

separación de tubérculos

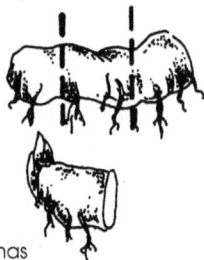

separación de rizomas

plantabulbos

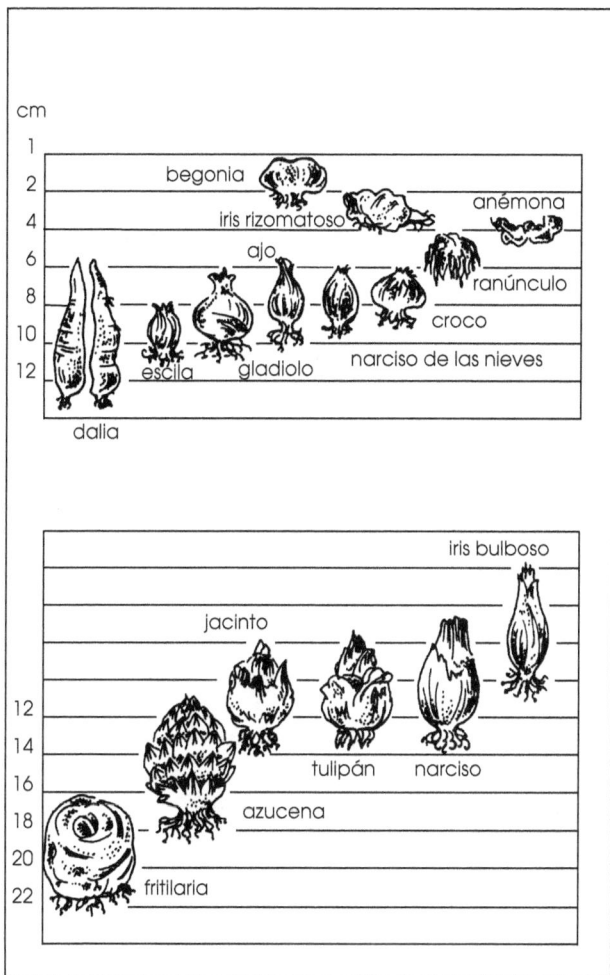

cm

| 1 |
2	begonia
4	iris rizomatoso	anémona
6	ajo	ranúnculo
8		croco
10		
12	escila gladiolo narciso de las nieves

dalia

iris bulboso

jacinto

| 12 |
| 14 |
| 16 | tulipán narciso |
| 18 | azucena |
| 20 |
| 22 | fritilaria |

Profundidad de plantación de tubérculos, bulbos y rizomas

Las plantas trepadoras

S e llama *plantas trepadoras*, para simplificar, a todas aquellas plantas provistas de tallos largos y flexibles, que se
prestan, por lo tanto, a recubrir zarzos y a formar emparrados, independientemente de que estén o no provistos
de medios propios para fijarse utilizando los soportes.

Las auténticas trepadoras poseen *tallos volubles* que se
enrollan espontáneamente (convólvulo), apéndices análo-
gos a pequeñas espirales, llamados *zarcillos* (guisante de
olor), filamentos rematados en *ventosas* (vid del Canadá), y
raíces adventicias que nacen a lo largo de los tallos (hiedra).

Otras especies, como la rosa, tienen *tallos sarmentosos*,
por lo que precisan ser atadas a los soportes para no doblarse hacia el suelo.

De todas formas, las ramificaciones se deben guiar al
principio para que puedan formar una cobertura uniforme y de un espesor no excesivo, tanto para evitar la
denudación de la parte más interior, como para favorecer
una floración bien distribuida.

Las *trepadoras anuales*, por su aparato radical relativamente pobre, que muere antes del invierno, son útiles
para ser sembradas al pie de árboles con tallo desnudo, e
incluso muy cerca de las paredes, donde la tierra poco
profunda no permite el cultivo de especies perennes.

Las *trepadoras perennes*, perennifolias o caducifolias, se deben plantar, en cambio, a una distancia de 50 cm, por lo menos, de cualquier estructura, para evitar que las raíces dañen los cimientos, desequilibrándolos o favoreciendo las filtraciones del agua. El mantenimiento de las trepadoras se hará a través del aclareo periódico, en podas y descopes, siguiendo las normas de estas operaciones y atendiendo a los efectos que ejercen las distintas estaciones sobre las diferentes especies, en particular sobre las que dan floración.

Los setos

Características y funciones

El seto es un conjunto de árboles o arbustos ramificados desde la base y plantados a corta distancia unos de otros en hileras sencillas, dobles o múltiples, de tal forma, que constituyen una pared ininterrumpida, uniforme y compacta.

Entre las especies indicadas para formar setos, casi todas poseen cualidades que les permiten cumplir diversas funciones. Sin embargo, las que se utilicen como defensa o abrigaño deberán tener algunas características específicas en consonancia con las funciones que se les exija. Las plantas para *setos defensivos* deben formar un tupido enredo de robustas ramificaciones y, a ser posible, estarán provistas de espinas, para sustituir así el cercado del jardín.

Las destinadas para *setos de abrigaño* deben ser rústicas, poseer un aparato radical profundo, un tallo robusto y ramas flexibles, de manera que contrarresten la influencia de las corrientes de aire, sin causar por ello daños, lo que no respondería a las exigencias requeridas. Las especies que mejor cumplen estos requisitos son las de hojas pequeñas y epidermis gruesa, poco sujeta a la acción lacerante y evaporadora del viento.

Plantación

En lo que se refiere a la época y las modalidades de plantación de los setos, es necesario referirse a las normas de las especies correspondientes.

En vez de hoyos, se prepara una zanja de dimensiones proporcionales al volumen de las raíces o del cepellón. Diremos, a título indicativo, que 50 × 50 cm de profundidad y de ancho son suficientes para una hilera sencilla de arbustos, mientras que para los arbolitos será necesario duplicar dichas medidas.

Se debe aumentar la anchura de la excavación proporcionalmente al número de hileras, recordando que la disposición alternada de las plantas permite un seto más tupido y, al mismo tiempo, un ahorro de espacio correspondiente a una tercera parte, aproximadamente.

Para obtener una trinchera equidistante del punto límite, o bien de una línea establecida, lo mejor es tensar una cuerda entre los palos fijados en el suelo, que servirá también más adelante para la alineación de las plantas.

Mantenimiento

Es necesario un mantenimiento regular de los setos para garantizar su eficacia, tanto a nivel estético como funcional.

Poda verde

Esta operación se lleva a cabo durante la actividad vegetativa —poda verde para las caducifolias—, con el fin de cortar el crecimiento del árbol, es decir, sólo el ápice de las ramitas periféricas, de manera que se reduzca el alargamiento y se estimule en cambio la producción de brotes laterales e internos, útiles para el espesamiento. Su frecuencia dependerá, primero, de la capacidad de las distintas especies de producir renuevos y, además, de la estación y de la disponibilidad de agua y abonos.

Para mantener una superficie bien nivelada, se cortan al mismo tiempo zonas amplias, empleando las herramientas especiales, manuales o mecánicas, llamadas precisamente «cortasetos». La labor quedará facilitada tendiendo cordeles entre los palos, para poder así desmochar toda la vegetación sobrante.

Si se desea mantener tal cual el *espesor* del seto, se cortará todo el crecimiento del árbol; en cambio, si se desea aumentarlo, dejaremos algún centímetro en cada intervención.

Seguiremos el mismo sistema para la altura, recordando que a un rápido alargamiento le corresponde una denudación de la base de los tallos. No debemos tener prisa para obtener un seto alto, pues es preferible hacerlo crecer correctamente y bien tupido.

Poda

La poda no tendría que ser necesaria en un seto bien cuidado; sólo cuando las plantas han sido desasistidas se interviene drásticamente, con podas tanto en el tallo principal como de las ramificaciones laterales, para posibilitar que las yemas más bajas y más internas despierten.

La poda se aplica siguiendo las normas generales relativas a sus efectos (estimulantes, debilitantes o equilibradores) en las distintas estaciones y según las especies.

Igualado

Esta operación es buena para las especies de pequeño follaje, como el boj o el ligustro, mientras que está contraindicada para las de hojas anchas, como el lauroceraso y el aucuba, cuyas mutilaciones los afean.

La uniformidad del seto debe ser parcialmente estropeada cuando está constituido por arbustos de flor, por razones obvias. También hay que renunciar a cortar ramas desfloreadas si después aparecerán bayas ornamentales, como ocurre con la piracanta, la mahonia y el espino albar.

Más que por un seto de perfil rigurosamente geométrico, es preferible optar por líneas ligeramente irregulares, cuya naturalidad es estéticamente más agradable.

Para llenar los vacíos causados por la muerte de una o más plantas, los mejores resultados se obtienen mediante injerto por aproximación entre plantas vecinas, o bien mediante estaca, que puede incluso no separarse nunca, a condición de que se guíe con podas oportunas el crecimiento de la nueva planta.

Los setos y la ley

La distancia que debe haber entre un seto y el límite del jardín, tanto hacia la calle como hacia una propiedad ajena, está generalmente reglamentada por disposiciones municipales. Sin embargo, existen artículos del Código Civil que establecen distancias entre las plantaciones y los límites de las fincas.

La distancia se mide entre la línea de límite y la base externa del tallo principal de las plantas.

Cuando la altura no supera la del cercado, no existen límites de este tipo, excepto en lo que atañe a la invasión de las raíces de la propiedad del vecino, raíces que este puede cortar; también tiene derecho a eliminar eventualmente las ramas que hayan alcanzado su propiedad.

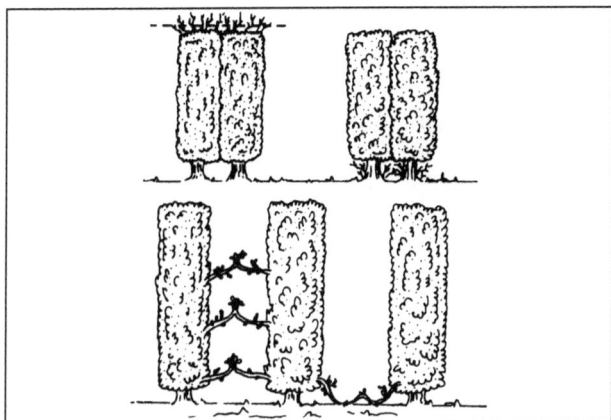

Mantenimiento de los setos

El prado

En el jardín, el prado está constituido sobre todo de *césped*, es decir, de una extensión con un revestimiento uniforme y compacto, formado por una única esencia pradeña *(prado monofito)* o bien por una mezcla especialmente estudiada *(prado polifito)*.

En los prados naturales, en particular de montaña, suele ser suficiente el saneamiento regular, con la oportuna eliminación de las malas hierbas a medida que van brotando, para dejar a las demás la posibilidad de propagarse espontáneamente.

Plantación

Un bosque o un suelo inculto pedregoso, para que puedan ser transformados en prado, requieren intervenciones especiales de gran envergadura, que no pertenecen estrictamente al campo agrícola.

Por lo tanto, aquí nos referimos a suelos que ya poseen las bases necesarias para llevar adelante esta función específica.

Cuando sea necesario crear o rehacer totalmente el prado, habrá que seguir una técnica particular.

Labores preliminares

Labranza o *cava*, a una profundidad de 50 cm, o bien de 30 cm si ya se trabaja un prado medianamente formado.

Gradeo y *rastrillado* para quitar los materiales voluminosos (piedras, raíces, etc.) y los terrones endurecidos que no se rompan fácilmente, así como para obtener un primer desmenuzamiento de la tierra y un primer nivelado de la superficie.

Distribución de abonos orgánicos, como estiércol maduro o desecado, con efecto retardado.

Aportación eventual de arena a suelos demasiado compactos, o de tierra arcillosa a los demasiado ligeros; recordemos que el estiércol natural y la turba pueden corregir ambos defectos.

Nuevamente gradeo, para enterrar uniformemente los materiales distribuidos en la superficie, dejando el suelo desmenuzado de forma basta.

Labores preliminares particulares

Desbrozo: debe tener prioridad absoluta sobre todas las demás labores, y se lleva a cabo extrayendo las plantas, o bien cortándolas por la base si tienen un aparato radical no demasiado profundo y que se pueda arrancar con la labranza o la cava. También es posible conseguir la muerte progresiva de las raíces suprimiendo todos los brotes que de ellas se desprendan. Sin embargo, con este método quedará en el suelo, por mucho tiempo, material leñoso de degradación lenta, que interrumpirá la continuidad del césped, debido al rápido escurrimiento del agua y que obstaculizará, además, las labores de mantenimiento.

Nivelación del suelo: modificar la inclinación de un prado en pendiente, con sólo una aportación de tierra, no daría buenos resultados, ya que se obtendría un suelo de composición y estructura distinta y, por consiguiente, un césped deformado. En efecto, hay que quitar temporalmente la tierra de la capa superficial para volver a redistribuirla sobre la parcela entera, una vez nivelado el subsuelo mediante la aradura y el acarreo.

Labores de presiembra

Cava muy suave para uniformar la calidad de la capa superficial y para arrancar posibles malas hierbas vivas.

Distribución de fertilizante con efecto rápido (nitratos), diluido en un mantillo seco y tamizado, para evitar el contacto directo del producto con las semillas.

Gradeos y rastrillados repetidos y cruzados para desmenuzar los terrones en grumos diminutos, eliminar los últimos residuos no descompuestos y enterrar el fertilizante.

Colocación del «lecho de siembra» —no indispensable, pero muy útil—, constituido por una capa de 5 cm, por lo menos, de mantillo fértil y de grano fino, obtenido tamizando una mezcla compuesta de tierra de calidad media, turba y mantillo, en partes iguales; en este caso, el fertilizante no se debe distribuir sobre el suelo, sino que ha de ser incorporado a este sustrato particular.

Distribución de las semillas al voleo, manualmente o mediante sembradoras especiales, en dos o más direcciones cruzadas, para obtener una germinación uniforme.

Rastrillado suave, para cubrir las semillas, y *allanamiento,* para que se adhieran al suelo y no corran el riesgo de ser arrastradas por las aguas pluviales o de irrigación.

Riego por aspersión, con chorro pulverizado, y con la frecuencia necesaria para mantener la capa donde se alojan las semillas constante, pero moderadamente, húmeda.

Cobertura con turba o paja (carente de semillas), para limitar la evaporación y mantener la temperatura más adecuada a la germinación.

Métodos sustitutivos de la siembra

Se aplican para aquellas especies que brotan con dificultad o que proporcionan una producción insuficiente de semilla o, en la mayoría de los casos, para acelerar la formación del césped. A este respecto, se emplean materiales diversos:

— Brotes o pequeñas macollas sueltas, que se colocan en pequeños hoyos a una distancia corta y regular.
— Estolones, que se esparcen por la superficie y se recubren de mantillo.
— Terrones, que se ponen sobre el suelo, y al cual se hacen adherir con el rulo.
— Césped ya listo en rollo, que se vende por metros. Permite una rápida realización del prado, pero es costoso y requiere mucha constancia en el tratamiento (allanamientos y riegos) en la fase de arraigo; también se puede recortar en franjas o cuadrados, que se colocarán a intervalos regulares.

Mantenimiento

El césped debe ser uniforme, siempre bien cortado, muy verde, y sin manchas de zonas secas. Para mantener estas características, se harán precisas algunas labores periódicas y otras ocasionales, de carácter extraordinario:

Corte e igualado: se efectúan con herramientas especiales, manuales o mecánicas, capaces de garantizar la uniformidad del corte. Su finalidad no es sólo estética, sino también estimular el retoño de una nueva hierba tierna. Su frecuencia dependerá de la especie botánica en cuestión, de la estación y de la situación climática; en efecto, el sol y el agua favorecen una rápida y abundante actividad vegetativa.

Se deberá cortar antes de que la hierba se doble hacia el suelo por efecto del viento, de la lluvia o de las pisadas; también habrá que regularlo en función de las características de la especie: las gramíneas pueden crecer incluso más de la cuenta, pero del trébol demasiado alto quedarán, después de la siega, sólo los tallos desnudos, muy feos.

Para evitar que una parte de la hierba, al doblarse, se escape al corte, se practica un rastrillado previo en sentido contrario al recorrido de la máquina, que pasa sobre franjas paralelas y en sentidos alternos.

Ventilación: sirve para garantizar una buena circulación del aire y la penetración del agua en la capa de suelo ocupada por las raíces. Se practica con la laya, o bien introduciendo el horcón a una profundidad de 10 a 15 cm, y haciendo palanca para levantar parcialmente el césped. Es necesaria en prados invadidos por musgos, o que sufran el endurecimiento de la superficie.

Allanamiento: se efectúa con un rulo ligero sobre el prado bien cortado, rastrillado y seco, para restablecer la adherencia del césped levantado por la acción del hielo y del deshielo.

Reparaciones: el «remiendo» de zonas dañadas por la sequía, por ataques de parásitos, o vaciadas por topos y ratones silvestres, se realiza recubriendo las manchas —después de haber eliminado la causa de los defectos— con mantillo, que deberá contener una dosis adecuada de semillas o, mejor aún, trasplantando terrones extraídos de una zona del prado más abastecido.

Los hundimientos ocasionales se reparan practicando un corte en cruz sobre el césped, levantando las cuatro hendiduras, rellenando el hoyo con mantillo, cerrando la abertura y pasando finalmente el rulo por encima.

Un césped escaso se puede mejorar con la *sobresiembra*: se esparcen nuevamente semillas, en poca cantidad, tras haber ventilado profundamente, se cubren a continuación con mantillo orgánico, y se allana la zona para terminar.

Cómo se construye una balsa

L a balsa representa una alternativa válida al estanque cuando se reproduce un espejo de agua natural y se «cultivan» sus bordes, para obtener un acondicionamiento armonioso del jardín.

La *excavación* se debe realizar de manera tal que la superficie del agua esté al nivel del suelo; tendrá preferentemente un perfil sinuoso y un fondo irregular, para poder albergar distintas especies, que requieren diferentes profundidades de agua: desde un mínimo de 4 cm a un máximo de 60 cm para las especies cultivables en nuestros climas.

La *impermeabilización* de la excavación se consigue con piedras rústicas bien ajustadas, que rápidamente se cubrirán de musgo y algas, adquiriendo un aspecto muy natural, o bien con fundas flexibles especiales, que se adaptan fácilmente a las irregularidades del suelo. Esta segunda solución es muy práctica y económica, y permite que uno mismo se construya la balsa.

Los *desniveles* se obtienen mediante distintas técnicas:

— mediante escalones con borde sobreelevado, de manera que retenga la tierra, y distribuyendo las profundidades con un cierto desorden, para poder alternar, de la forma más variada posible, dimensiones y colores en la vegetación;

— con el cultivo de plantas en contenedores apoyados sobre soportes de ladrillos, de distintas alturas;

— con la introducción de plantas en cajas o cestas, destinadas a descomponerse, retenidas entre redes o piedras.

La asociación de los tres sistemas permite obtener efectos muy espontáneos.

El nivel del agua, que se va reduciendo progresivamente debido a la evaporación y al propio consumo de agua por parte de las plantas, se debe mantener mediante un dispositivo suministrador en el fondo, o mediante un goteo continuo, procedente de algunas piedras colocadas en la orilla, que se cubren rápidamente de musgo.

El *sustrato de cultivo* se obtiene colocando una primera capa de 20 cm, aproximadamente, de estiércol maduro, o desecado mezclado con turba, y una segunda capa de mantillo, de espesor variable, desde 20 cm para bulbos pequeños, a 35 cm para las especies más grandes.

Para el llenado de los contenedores se respetan las mismas proporciones.

Plantación sobre el fondo

Se efectúa según las normas usuales y, a continuación, se recubre con una capita de arena, para evitar que el agua —que, de todas formas, se debe introducir con delicadeza— remueva la superficie y se enturbie.

Cuando la balsa esté llena de agua y la profundidad no permita la plantación sobre el fondo, las nuevas plantas se dejarán simplemente caer en su contenedor particular del fondo, o bien con el cepellón protegido por una red de nailon: se lastra con una piedra para que se fijen y arraiguen en el lugar que queramos.

La mayoría de las plantas acuáticas están provistas de órganos subterráneos vivaces, raíces matosas o pivotantes, bulbos, tubérculos, rizomas, y, por consiguiente, se multiplican según los medios habituales. Las especies anuales se reproducirán por semillas o por esqueje, en arena húmeda, mientras no hayan alcanzado el desarrollo necesario para la plantación.

Las especies «flotantes» tienen un sistema de reproducción gracias al cual basta con tirar al agua algunos ejemplares para que se propaguen espontáneamente.

Mantenimiento

Será frecuente y regular ya que la impermeabilidad de las paredes y el espacio relativamente reducido limitan y retrasan la degradación de los residuos vegetales, que se acumulan, disminuyendo la profundidad o flotando en la superficie con lo que privan de aire y luz a la vegetación, entorpeciendo su desarrollo.